指導者と選手が一緒に学べる!バレーボール練習メニュー200
SHIDOSHA TO SENSHU GA ISSHO NI MANABERU! VOLLEYBALL RENSHU MENU 200
Copyright ⓒ 2024 by K.K. Ikeda Shoten
All rights reserved.
Supervised by Daichi SAEGUSA
Photographs by Kosuke SAKAGUCHI
Interior design by Daisuke SUZUKI, Terumi EZAKI(Souldesign)
First orginal Japanese edition published by IKEDA Publishing Co.,Ltd., Japan.
Korean translation rights arranged with PHP Institute Inc.
through BC Agency

이 책의 한국어판 저작권은 BC 에이전시를 통해 저작권자와 독점 계약을 맺은 삼호북스에 있습니다.
저작권법에 의해 한국 내에서 보호를 받는 저작물이므로 무단전재와 복제를 금합니다.

코치와 선수가 함께 활용하는
배구 연습메뉴 200

사에구사 다이치 지음
남가영 옮김

SAMHO BOOKS

시작하며

배구는 볼을 연결하기 위해 동료들과 소통하며 움직여야 하고, 주위를 도와야 자신도 원하는 플레이를 할 수 있다. 다시 말해 최고의 패스를 동료에게 건네면, 동료가 최적의 토스를 올려주어 최상의 공격을 할 수 있다는 것이다. 이처럼 배구는 실력을 갈고닦을수록 사회성도 함께 기를 수 있는 매력적인 스포츠다.

이 책은 배구 연습 메뉴를 주로 다루는 한편 코디네이션 및 바디컨트롤 메뉴도 다수 실었다. 볼을 능숙하게 다루기 전에 자기 몸을 자유자재로 움직일 수 있으면 좋겠다는 바람 때문이다. 실제로 이렇게 연습하는 편이 성장도 빠르다는 사실을 다양한 실전 경험을 통해 깨달았다.

또 중요한 것은 선수 개인과 팀에 주어진 과제가 무엇이고, 어떤 목적으로 이 연습을 하는지 명확하게 인지한 후에 메뉴를 소화하는 것이다. 그것만으로도 연습 성과가 크게 달라진다. 따라서 메뉴 하나하나에 뚜렷한 목적을 가지고 연습에 들어가자. 또한, 성장 속도나 기술 향상 속도는 사람마다 다르므로, 남과 비교하지 말고 지금까지의 자신과 비교하자. 마지막으로 현재 신체 조건(키가 크다, 작다 등)에만 맞는 메뉴로 연습을 제한하지 말고, 다양한 플레

이를 할 수 있도록 환경을 바꿔서 메뉴를 적용하길 바란다.

감사하게도 배구는 스포츠의 재미, 프로 선수들의 뛰어난 실력, 만화나 애니메이션 덕분에 인기가 점점 더 많아지고 있다. 그러한 관심으로 인해 알게 된 배구 지식을 실제 코트에서 활용해 보자.

필자는 선수 시절 운동 신경이 좋은 편은 아니었지만, 배구를 좋아하는 마음은 누구보다도 강했고, 잘하고 싶은 마음에 열심히 연습했다. 실제로 경험을 해봤기에 플레이가 마음대로 되지 않을 때의 심정을 누구보다 잘 알고 있다.

누구나 처음부터 잘할 수는 없다. 실패했다고 좌절하지 말고, 하루하루 꾸준히 연습하면 분명 이전에는 하지 못했던 것을 해낼 수 있게 될 날이 올 것이다.

끝으로 아카야마 트레이너를 비롯해 이 책을 만드는 데 많은 도움을 준 모든 분에게 감사의 인사를 전한다.

2024년 5월
프로 배구 코치
사에구사 다이치

이 책의 사용법

1~7장 & 9장

사진과 그림을 활용하여 배구 기술과 연습법을 소개한다.

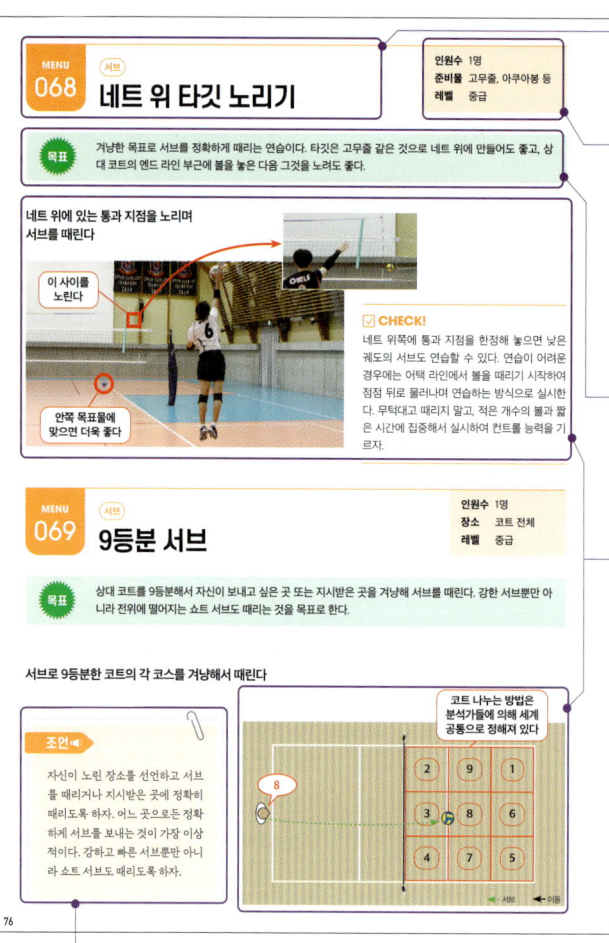

연습 메뉴 번호와 명칭
연습 메뉴 번호와 명칭을 기재했다.

연습 테마
메뉴에 필요한 인원수, 장소, 준비물, 횟수, 레벨을 한눈에 파악할 수 있다. 레벨은 초급, 중급, 상급 3단계로 표시했다.

목표
기술 소개와 연습 목적을 설명한다.

순서·사진·코트 그림
사진과 일러스트를 활용하여 연습법을 설명한다. CHECK!에서는 연습할 때의 주의 사항과 포인트를 설명한다.

조언 · 지도자 MEMO
조언에서는 선수가 메뉴를 연습할 때의 요령, 도움이 되는 추가 정보를 다루고, 지도자 MEMO에서는 선수를 지도할 때 도움이 되는 포인트를 설명한다.

× NG
하면 안 되는 행동이나 저지르기 쉬운 실수를 설명한다.

이 책의 구성

이 책은 볼을 사용한 연습 메뉴(2~7장)에 더해 배구 실력을 향상시키는 데 도움이 되는 코디네이션 및 바디컨트롤(1장&8장), 연습이 끝난 후 실시하는 셀프 케어(9장)까지 폭넓은 연습 방법을 소개한다.

※ 이 책은 오른손잡이 선수를 기준으로 연습 방법을 설명한다.

###

배구 플레이에 도움이 되는 효과적인 신체 단련 운동법을 소개한다.

CONTENTS

- 시작하며 002
- 이 책의 사용법 004
- 선수들에게 012
- 보호자에게 014
- 지도자에게 016
- 지도자를 위한 연습 메뉴 짜는 법 018
- 3가지 효과적인 연습법 020
- 배구 기초 지식 022
- 기본 용어집 026

MENU 011
막대기 잡기 035

MENU 012
덧셈, 곱셈 전력 질주 036

MENU 013
거울 훈련 036

MENU 014
잔발 스텝 훈련 037

MENU 015
볼 릴레이 037

MENU 016
훌라후프 점프 038

MENU 017
둥글게 서서 볼 던지고 잡기 038

MENU 018
볼 뺏기 게임 039

MENU 019
볼 2~3개로 하는 피구 040

COLUMN
리듬에 맞춰 몸을 움직여 보자! 040

제1장
코디네이션 훈련

- 배구에 적합한 몸 만들기 028

MENU 001
볼 두드려서 팅기기 030

MENU 002
바닥으로 볼 팅긴 후 일어서서 캐치 030

MENU 003
발 사이에 볼 끼워서 던지기 031

MENU 004
온몸 리프팅 032

MENU 005
볼 온 볼 032

MENU 006
등뛰어넘고 캐치 033

MENU 007
볼 2개로 드리블한 후 바운드 패스 033

MENU 008
볼 2개를 바꿔서 잡기 034

MENU 009
날아오는 볼을 볼로 맞춰서 떨어뜨리기 ... 034

MENU 010
한 손 리시브&한 손 드리블 035

제2장
오버핸드 패스&언더핸드 패스

MENU 020
오버핸드 패스 042

MENU 021
볼 잡는 법 044

MENU 022
손가락과 손목의 탄력을 이용한 패스 045

MENU 023
수건으로 팔꿈치 탄력 체크 046

MENU 024
달려 들어가서 캐치&패스 046

MENU 025
3가지 탄력을 모두 활용한 패스 047

MENU 026
오버핸드 패스 자세로 볼 잡고 볼 팅기기 .. 047

MENU 027
수직 패스 048

MENU 028
볼에서 시선 떼고 패스 048

MENU 029
볼 2개로 패스 ········ 049

MENU 030
고속 오버핸드 패스 ········ 049

MENU 031
언더핸드 패스 ········ 050

MENU 032
대각선 앞으로 이동하며 패스 ········ 052

MENU 033
앞뒤로 이동하며 패스 ········ 052

MENU 034
4곳으로 이동하며 패스 ········ 053

MENU 035
2명이 마주 보고 패스 ········ 053

MENU 036
2명이 마주 보고 한 손 패스 ········ 054

MENU 037
고속 언더핸드 패스 ········ 054

MENU 038
가슴 쪽으로 날아오는 언더핸드 패스 ········ 055

COLUMN
'몸놀림'이란 뭘까? ········ 055

MENU 039
3인 1조 직선 패스 ········ 056

MENU 040
4방향 패스 ········ 056

MENU 041
2 대 2 3단 공격 랠리 ········ 057

MENU 042
3인 1조 이동 패스 ········ 057

MENU 043
볼 2개로 대각선 패스 ········ 058

MENU 044
3인 1조 볼 2개로 패스 ········ 058

MENU 045
벽 맞고 튕겨 나오는 볼 패스하기 ········ 059

MENU 046
세팅한 다음 블로킹 커버 ········ 059

MENU 047
어려운 볼을 받아서 세팅 ········ 060

COLUMN
연습할 때부터 블로킹 커버의 중요성을 인지하자 ········ 060

MENU 048
연속 수직 패스 ········ 061

MENU 049
네트 옆에서 수직 패스 ········ 061

MENU 050
러닝 점프 세팅 ········ 062

MENU 051
B, C 패스 연속 세팅 ········ 062

제**3**장
서브

MENU 052
서브의 포인트 ········ 064

MENU 053
사이드핸드 서브 ········ 066

MENU 054
오버핸드 서브 ········ 067

MENU 055
점프 플로터 서브 ········ 068

MENU 056
점프 드라이브(스핀) 서브 ········ 069

MENU 057
하이브리드 서브 ········ 070

MENU 058
사이드 스텝을 밟은 후 볼 던지기 ········ 070

MENU 059
무릎 세우고 앉아서 사이드핸드 서브 ········ 071

MENU 060
토스 안정화 훈련 ········ 071

MENU 061
히팅 포인트 확인 훈련 ········ 072

MENU 062
라인 따라 수건 던지기 ········ 072

MENU 063
라인 따라 서브 ········ 073

MENU 064
벽 보고 서브 ········ 073

MENU 065
방향 컨트롤 서브 ········ 074

MENU 066
눈 가리고 서브 ········ 074

MENU 067
외발 점프 플로터 서브 ········ 075

MENU 068
네트 위 타깃 노리기 ········ 076

MENU 069
9등분 서브 ········ 076

MENU 070
코트 위의 타깃 노리기 ········ 077

MENU 071
타점&통과점 컨트롤 ········ 077

MENU 072
서브 VS 서브 리시브 ········ 078

COLUMN
상대를 무너뜨리기 위한 서브를 노리자 ········ 078

제4장 리시브

MENU 073
디그의 포인트 ... 080

MENU 074
이동 스텝 ... 082

MENU 075
스플릿 스텝 ... 082

MENU 076
이니셜 포지션에서 디펜스 포지션으로 ... 083

MENU 077
사이드 시프트 캐치 ... 084

MENU 078
키퍼 연습 ... 084

MENU 079
디그 감각 익히기 ... 085

MENU 080
타기팅 디그 ... 085

MENU 081
1, 2, 3 디그 ... 086

MENU 082
회전 리시브 ... 087

MENU 083
스프롤 ... 088

MENU 084
슬라이딩 리시브(팬케이크) ... 089

MENU 085
짐볼 플라잉 리시브 ... 090

MENU 086
볼 뛰어넘으면서 플라잉 리시브 ... 091

MENU 087
플라잉 리시브 ... 092

MENU 088
오버핸드 디그&서브 리시브 ... 093

MENU 089
2인 1조 리시브 연습 ... 093

MENU 090
3인 1조 연계 디펜스 ... 094

MENU 091
연속 뒤돌아서 교대로 디그 ... 094

MENU 092
블로킹 옆 코스 디그 ... 095

MENU 093
4방향 연속 디그 ... 096

MENU 094
터치 백 디그 ... 096

MENU 095
디그&세트 ... 097

MENU 096
원 볼 디펜스 ... 098

MENU 097
5명 이동 훈련 ... 098

MENU 098
시트 리시브 ... 099

COLUMN
서브 리시브와 디그의 차이를 알아보자 ... 099

MENU 099
서브 리시브의 포인트 ... 100

MENU 100
아래팔에 볼 끼우기 ... 102

COLUMN
포지션에 얽매이지 않는 것이 중요하다 ... 102

MENU 101
수건/안경 리시브 ... 103

MENU 102
발놀림&가슴 앞 리시브 ... 104

COLUMN
서브 리시브를 연습할 때 볼 보내는 요령 ... 104

MENU 103
3열 교대하며 서브 리시브 ... 105

MENU 104
하프 코트 3명 리시브 ... 105

MENU 105
서브 리시브 포메이션 ... 106

COLUMN
서브 리시브는 팀워크가 중요하다 ... 106

MENU 106
20번 연속 서브 리시브 or 디그 ... 107

MENU 107
좌우 사이드 스텝 연속 리시브 ... 107

COLUMN
볼이 아니라 사람을 보자 ... 108

제5장 어택

MENU 108
어택의 포인트 ... 110

MENU 109
벽 옆에서 스윙하며 3가지 히트 포인트 익히기 ... 112

MENU 110
수건 던지기(크로스, 이너, 스트레이트) ... 112
MENU 111
무릎 세우고 앉아서 스파이크 ... 113
MENU 112
볼 던지며 스윙 ... 113
MENU 113
5번 연속 스윙 ... 114
MENU 114
팔을 휘두르며 일어나기 ... 114
MENU 115
스파이크 스텝 훈련 ... 115
MENU 116
퍼스트 템포의 포인트 ... 116
COLUMN
템포의 차이를 살펴보자 ... 116
MENU 117
자신이 토스를 올리고 스파이크 ... 117
MENU 118
블로커를 따돌리고 스파이크 ... 117
MENU 119
세컨드 템포 스파이크 ... 118
MENU 120
서드 템포(2단 토스) 스파이크 ... 118
MENU 121
5곳에서 올라오는 2단 토스 스파이크 ... 119
COLUMN
2단 토스(하이 세팅) 기술을 갈고닦자 ... 119
MENU 122
원 레그 스파이크 ... 120
MENU 123
3번 연속 세로로 이동하며 스파이크 ... 120
MENU 124
3번 연속 가로로 이동하며 스파이크 ... 121
MENU 125
코스를 바꾸며 3번 연속 스파이크 ... 121
MENU 126
페인트·푸시·롤 숏 ... 122
MENU 127
리바운드 ... 123
MENU 128
블로킹을 확인한 다음 스파이크 ... 123
MENU 129
블로킹 아웃 ... 124
MENU 130
블로킹한 다음 스파이크 ... 124
MENU 131
코스 지정 VS 리시브 ... 125
MENU 132
서브 리시브한 다음 스파이크 ... 125

MENU 133
찬스볼 공격 ... 126
COLUMN
슬롯을 이해하고 공격을
수적으로 유리하게 만든다 ... 126

제6장 블로킹

MENU 134
블로킹의 포인트 ... 128
MENU 135
블로킹의 목적 ... 130
MENU 136
블로킹 전술의 결정 ... 131
COLUMN
셧다운만이 블로킹의 성공은 아니다 ... 131
MENU 137
블로킹의 책임 범위 ... 132
MENU 138
블로킹의 대응 ... 132
MENU 139
블로킹의 배치 ... 133
MENU 140
블로킹 준비 자세 ... 134
MENU 141
블로킹 파워 체크 ... 136
MENU 142
네트에서 때리는 감각 체크 ... 136
MENU 143
점프와 손 뻗는 법 ... 137
MENU 144
블로킹할 때의 스플릿 스텝 ... 138
COLUMN
스플릿 스텝을 하는 이유 ... 138
MENU 145
사이드 스텝 ... 139
MENU 146
크로스오버 스텝(스윙 블로킹) ... 139
MENU 147
바닥 반동력을 이용한 점프 ... 140
MENU 148
2인 1조 들어 올리기 점프 ... 140
MENU 149
볼 쥐기 ... 141

MENU 150
공격 루트를 좁히는 위치 선정 ········· 141
MENU 151
아이&스텝 워크 ······················· 142
MENU 152
커밋 블로킹 ························· 142
MENU 153
받침대 위에서 때리는 스파이크를 블로킹 ··· 143
MENU 154
연속 스텝&점프 ······················· 143
MENU 155
2단 토스에 대비한 블로킹 ············· 144
MENU 156
블로킹&디그의 연계 강화 ············· 144
MENU 157
1대 1 리드 블로킹 ···················· 145
MENU 158
1대 2 리드 블로킹 ···················· 145
MENU 159
3 대 프리 리드 블로킹 ················ 146
MENU 160
ABC 패스 공격 대 리드 블로킹 ······· 146

MENU 170
코트 제한 배구(신기루 배구) ········· 152
MENU 171
5 대 5 게임 ···························· 153
MENU 172
페인트·푸시·롤 샷 게임 ················ 153
MENU 173
에어 배구 ···························· 154
MENU 174
9인제 규칙 배구 ······················ 154
MENU 175
어택VS블로킹&디그 ··················· 155
MENU 176
브레이크VS사이드 아웃 ··············· 155
MENU 177
워시 게임 ···························· 156
MENU 178
세트 후반 점수 따기 게임 ············· 157
MENU 179
목표 달성 내기 게임 ··················· 157
MENU 180
팀 수준에 따라 조건이 다른 게임 ······· 158
MENU 181
과제 달성 2점 게임 ··················· 158
MENU 182
아이언맨 ···························· 159
MENU 183
킹 오브 더 코트 ······················· 159
MENU 184
서브부터 백어택 ······················ 160
MENU 185
디그에서 스파이크&블로킹 ············· 160

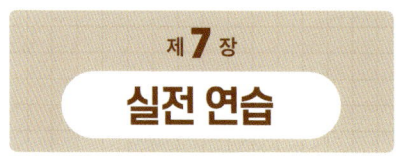

제 7 장
실전 연습

MENU 161
캐치 배구 ···························· 148
MENU 162
2인 1조 교대 패스 ···················· 148
MENU 163
2 대 2 게임 ·························· 149
MENU 164
다이렉트 게임 ························ 149
MENU 165
원 바운드 배구 ······················· 150
MENU 166
로테이션 훈련 ························ 150
MENU 167
스토리 훈련 ························· 151
MENU 168
3단 공격&블로킹 커버 ················ 151
MENU 169
백어택 게임 ························· 152

제 8 장
바디컨트롤

• 다양한 플레이에 도움되는 몸 만들기 ··· 162

MENU 186
손에 볼 올리고 팔 뒤집기 ············· 164
MENU 187
볼 돌리기 ···························· 164
MENU 188
볼 푸시 ······························ 165
MENU 189
볼 잡기 ······························ 165

MENU 190
테니스볼 잡기 ······ 166

MENU 191
하프 브루코 ······ 166

MENU 192
캣&도그 ······ 167

MENU 193
캣&도그 서클 버전 ······ 167

MENU 194
엘보 서클 ······ 168

MENU 195
손으로 8자 그리기 운동 ······ 168

MENU 196
만세 자세에서 견갑골 넣고 빼기 ······ 169

MENU 197
스쿼트하며 견갑골 안쪽으로 모으기 ······ 169

MENU 198
코모도왕도마뱀 ······ 170

MENU 199
프리 코모도 ······ 170

MENU 200
코모도 스트레칭 ······ 171

MENU 201
이너 스쿼트&프리 코모도 ······ 171

MENU 202
이너 스쿼트 ······ 172

MENU 203
좌우로 움직이며 다리 길게 늘리기 ······ 172

MENU 204
다리 길게 늘리며 프리 코모도 ······ 173

MENU 205
견갑골 모으기 스트레칭 ······ 173

MENU 206
백 스파이럴 스트레칭 ······ 174

MENU 207
척추 회전 스트레칭 ······ 174

MENU 208
골반 벌리기 ······ 175

MENU 209
고관절 돌리기 ······ 175

MENU 210
엉덩이(대둔근) 스트레칭 ······ 176

MENU 211
사이드 시프트 ······ 176

MENU 212
소머리 자세 스트레칭 ······ 177

MENU 213
스파이더맨 ······ 177

MENU 214
스콜피온 ······ 178

MENU 215
푸시업 워크 ······ 178

MENU 216
배 압력 강화 볼 푸시① ······ 179

MENU 217
배 압력 강화 볼 푸시② ······ 179

MENU 218
앵클 홉 ······ 180

MENU 219
힙 하이크 점프(골반 들어 올리기 점프) ······ 180

MENU 220
푸시업 자세에서 앵클 홉 ······ 181

MENU 221
푸시업 자세에서 두 발로 점프 ······ 181

COLUMN
바디컨트롤은 '기술 습득 시간을
단축하는 훈련'이다 ······ 182

제 9 장
셀프 케어

- 하루하루 컨디션을 셀프 케어로 관리하자 ······ 184

MENU 222
엎드려서 척추 흔들기 ······ 186

MENU 223
발가락 풀기 ······ 186

MENU 224
발바닥 마사지 ······ 187

MENU 225
아킬레스건 마사지 ······ 187

MENU 226
종아리 피부 스트레칭 ······ 188

MENU 227
무릎 꿇고 앉아서 종아리 마사지 ······ 188

MENU 228
정강이뼈 안쪽 마사지 ······ 189

COLUMN
몸에 필요한 '틈'을 만들자 ······ 189

MENU 229
볼 케어 ······ 190

MENU 230
해파리 체조 ······ 191

COLUMN
가장 훌륭한 명의는 자기 자신 ······ 191

선수들에게

자신의 성장을 스스로 깨닫자

스포츠를 하는 데 있어서 성장의 기쁨을 느끼고, 자신감을 얻는 경험은 굉장히 중요하다. 지도자나 동료들로부터 지금 플레이가 좋았다는 칭찬을 듣는 것도 좋지만, 스스로 실력이 좋아졌다고 자각하는 것이 중요하다.

예를 들어 동경하는 선수가 있다면, 그 선수와 자신의 차이가 무엇인지 생각하고 개선해보는 것이다. 또한, 그저 무턱대고 연습만 하지 말고 이 훈련을 하는 의도가 무엇인지에 집중하면서 연습하면 빠르게 성장할 수 있다.

훈련의 의도를 파악할 때는 먼저 자신이 어떤 선수가 되고 싶은지를 명확하게 알아야 한다. 이를 목표로 삼은 다음 현재 수준을 파악하고, 그 차이를 메우기 위해 해야 할 것을 늘 점검하자.

오늘 패스를 연습했다면 패스를 잘 했는지 여부만 판단해서는 단순한 운동에 그치고 만다. 하지만 '볼이 떨어지는 곳까지 최대한 빨리 이동하자'라든가 '제대로 자리를 잡은 다음 패스하자' 등 좀 더 구체적인 목표를 세우고, 다음에 개선하려고 노력하면 성장 속도가 크게 달라진다. 이러한 작은 습관이 큰 차이를 만드는 것이다.

같은 연습을 해도 '내 목표는 이거니까 이 포인트를 중점적으로 연습하자'와 같은 방식으로 꾸준히 하다 보면 잘하는 부분과 앞으로 보완해야 할 부분이 점점 명확해진다. 팀 동료가 과제를 달성했을 때는 함께 기뻐해 주자. 이상적인 모습은 팀 전원이 서로를 코치하는 것이다. 이를 통해 팀 구성원이 같은 목표를 공유하는 한 팀이 되고, 모두의 기술 향상으로 이어질 수 있다.

컨트롤에 주력하자

배구를 하다 보면 연습이 잘 안 되기도 하고 경기에서 지기도 한다. 이때 중요한 것은 결과보다 성과를 먼저 생각하는 것이다. 성과란 '점프 서브의 성공'처럼 자기 힘으로 컨트롤할 수 있는 능력을 말한다.

배구는 개인과 팀이 성장하더라도 상대 팀의 역량이 우위에 있다면 시합에서 질 수도 있다. 하지만 승패와 자신의 성장은 다른 문제이기 때문에 이 점을 인지하고, 결과에 상관없이 무엇을 잘했고 못했는지에 집중하자.

더불어 '할 수 있다'는 마음가짐도 중요하다. 무언가가 잘 안될 때 '왜 안 되는지'를 문제삼고 이유를 찾다 보면 점점 부정적으로 바뀐다. 잘하고 싶다면 '어떻게 하면 잘할 수 있을지'를 문제로 정하자. 그러면 긍정적인 에너지로 즐겁게 훈련할 수 있을 것이다.

보호자에게

아이의 목표가 무엇인지 경청하자

아이는 말하지 않아도 무의식적으로 부모의 기대에 부응하고자 하는 마음을 품고 있다. 그러므로 부모가 연습이나 시합을 보러 오면 멋진 모습을 보이고 싶어서 더욱 힘을 내는 동시에 압박감을 느끼기도 한다.

때로는 보호자로서 아이에게 배구 훈련법이나 기술에 대해 의견을 말하고 싶을 수 있다. 특히 배구 경험자라면 더욱 그럴 것이다.

사람은 경험해야만 보이는 세계가 있지만, 이를 어떻게 받아들이는지는 각기 다르기 마련이다. 따라서 아이의 방법을 부정하지 말고 어떤 마음과 생각을 가지고 있는지, 무엇을 목표로 노력하고 있는지 등 관심을 가지고 대화하며 아이의 진심을 끌어내 보자.

그러면 아이도 자신이 지금 어느 단계에 있으며 무엇이 문제이고, 어떻게 해결해 나갈지 등 다양한 고민을 상의하며 발전해 나갈 것이다.

바쁜 일상이 이어지다 보면 배구를 통해 아이가 성장하는 모습을 직접 볼 기회가 줄어들기도 한다. 그러나 아이가 인간적으로 성장하는 과정은 부모로서 함께 생활하며 지켜볼 수 있다. 부디 아이와 대화를 나누며 서로 이해하고 이끌어가는 코칭을 함께 하길 바란다.

보호자의 진솔한 마음을 전하자

사춘기에 접어드는 중학생 때는 부모와의 관계가 묘하게 달라지는 시기다. 성격에 따라 관심을 부담스러워하는 아이도 있고, 반대로 늘 관심받고 싶어하는 아이도 있다. 때문에 부모와 아이의 적절한 거리를 찾기 어려운 시기이기도 하다.

이럴 때는 집에서 아무렇지 않게 오가는 대화 속에서 아이가 자연스럽게 마음을 드러내 보일 수 있도록 "오늘 어땠어?" 하고 질문을 던져 보는 것은 어떨까? 캐묻는 듯한 말투가 아니라 아이가 스스로 이야기하고 싶은 분위기를 조성하는 것이다. 이때 '나는 네 1호 팬'이라는 마음이 전해지도록 관심을 보이는 것이 중요하다. 그러면 자연스럽게 대화가 늘고 가족 관계도 더욱 돈독해질 것이다.

또한, "네가 열심히 배구하는 모습을 보면 우리도 정말 힘이 난다. 고마워!"라는 응원의 말을 전해 보자. 이것은 아이를 밀어붙이는 행동이 아니라 부모의 진심 어린 마음이다. 한발 물러서 있지만, 언제나 응원하고 있다는 메시지는 분명히 아이들에게도 전해질 것이다.

지도자에게

배구의 매력을 알려주자

지도는 선수의 나이와 경기력, 팀 수준에 따라 달라진다. 다만, 어떤 상황에서든 지도자는 선수가 발전할 수 있는 방향을 알려주는 동시에 배구의 즐거움을 함께 나누려는 노력을 해야 한다.

배구는 경기 특성상 볼을 잡거나 멈출 수 없고, 볼을 직접 컨트롤해야 하는 난도가 높은 스포츠다. 그러므로 입문자나 초급자 수준의 선수는 정규 규칙대로 시합을 이어가기가 어렵고, 재미를 느끼기도 쉽지 않다. 하지만 그 단계를 넘어서면 다양한 방식으로 즐길 수 있는 매력적인 스포츠이기도 하다.

선수가 즐거움을 느끼려면 안 되는 것을 되게, 모르는 것을 알게 해야 한다. 이를 반복하다 보면 선수가 스스로 즐거움을 발견하고, 목표를 설정하는 수준에 도달하게 된다.

표현 방법도 중요하다. 팀 선수 모두에게 똑같은 말을 해도 전해지는 선수와 전해지지 않는 선수가 있다. 특히 전해지지 않는 선수에게는 단어나 말투를 바꿔서 전하지 않으면 안 된다. 지도자의 말에는 선수가 상상하지 못했던 세계로 이끄는 힘이 있다. 잘못하면 뛰어난 가능성을 지닌 선수의 잠재력에 제동을 걸어버릴 수도 있다. 선수를 지도한다는 것은 그 선수의 인생에 깊이 관여하는 일이기도 하다. 그래서 지도자는 선수의 현재 수준과 목표, 선수가 어디를 개선해야 하는지를 판단할 수 있는 '안목'을 반드시 길러야 한다.

난로 같은 코칭을 하자

필자는 '난로' 같은 지도자가 좋은 지도자라고 생각한다. 난로는 추운 겨울, 방안 구석구석 따스함을 제공할 뿐만 아니라 '불'이라는 압도적인 매력이 있고 사람을 끌어들이는 멋이 있다. 선수는 각자 성격이 다르다. 지도자에게서 다양한 것을 흡수하고 싶어하는 선수도 있고, 지도를 부담스러워하는 선수도 있다. 그러므로 '전달하는 힘'과 '경청하는 힘'을 갖추고, 선수가 다가왔을 때 따사롭게 대응하는 매력적인 지도자가 되도록 노력하자.

지도자를 위한 연습 메뉴 짜는 법

스토리가 있는 메뉴 만들기

연습 메뉴를 짤 때는 목표를 세우는 것이 중요하다.

예를 들면 오늘 블로킹으로 셧아웃에 성공하겠다는 목표를 세웠다고 하자. 목표를 달성하려면 선수들은 먼저 스파이크를 블로킹하는 팔에 제대로 맞춰 스파이크를 막았을 때의 감각을 느껴야 한다. 덧붙여 볼을 맞고 공중에서 버티는 힘이 필요하고, 상대 선수의 어느 부분을 관찰해야 하는지도 알아야 한다.

이처럼 목표를 세운 다음에는 그것을 이루기 위해 필요한 요소를 하나씩 나열하고 철저히 연습하자. 필요한 요소 가운데 선수가 이미 할 수 있는 것이 있다면 이를 따로 연습할 필요는 없다.

바꿔 말하면 선수의 현 상태와 이상적인 상태의 차이를 찾아내는 것이 관건이다. 차이를 찾았다면 목표를 달성하기 위해 필요한 메뉴를 하나씩 정하자. 필요한 요소를 익히기 위해 여러 연습 메뉴를 배치하고, 선수에게 알맞은 최적의 메뉴를 골라서 실시하는 것이다.

필요한 요소를 찾아내고 연습 메뉴 짜는 법 예시

목표: 블로킹 셧아웃을 익힌다

필요한 요소

① 블로킹의 목적 및 역할, 분류에 대해 이해하기(메뉴 135~140)
② 어깨뼈와 몸 앞면의 근육을 활용해 스파이크 막는 감각 기르기(메뉴 141, 142)
③ 준비 자세부터 점프까지 정확한 자세 익히기(메뉴 140, 147)
④ 공중에서 균형을 무너뜨리지 않고 유지할 수 있는 몸 만들기(메뉴 144~149)
⑤ 최단 거리를 최고 속도로 이동하는 군더더기 없는 스텝 익히기(메뉴 144~146)
⑥ 스파이크를 막기 위해 상대의 움직임을 보고 정보를 수집하는 시선 익히기 (메뉴 151)

볼 연습보다 바디컨트롤

지도자는 선수가 무엇을 할 수 있고, 어떤 부분이 부족한지를 파악할 수 있는 '안목'을 길러야 한다.

배구 연습을 진행하면 대부분 기술을 향상시키기 위해 주로 볼을 다루는 훈련을 한다. 물론 볼을 다루는 연습도 중요하지만, 필자의 경험상 선수가 몸을 잘 사용할 수 있게만 해도 해결할 수 있는 문제가 무척 많다.

중학생팀 지도자가 선수의 움직임을 개선하고 싶은데 어떻게 해야 좋을지 모르겠다며 조언을 구한 적이 있다. 선수의 움직임을 확인해 봤더니 원하는 동작을 취하기에는 몸의 준비가 아직 부족하다고 판단하여 고관절과 견갑골의 움직임을 향상시키는 코디네이션 및 바디컨트롤 훈련을 제안했다. 그러자 효과가 바로 나타나서 그때까지 건드리지 못했던 볼을 터치할 수 있게 됐다. 단 이틀 만에 선수의 점프력이 향상됐다는 보고를 받은 적도 있다.

몸을 잘 움직일 수 있도록 신체 단련을 하면 이렇게 큰 변화가 나타난다. 따라서 배구를 어떻게 해야 할지 고민하기 전에 현재 선수의 몸 상태는 어떤지, 어떻게 하면 더 부드럽게 움직일 수 있을지를 점검해야 한다. 지도자가 이러한 방향으로 선수들과 소통하고, 지도하면 선수는 더욱 빠르고, 크게 성장할 수 있다.

3가지 효과적인 연습법

① 기본에서 응용으로

효과적인 연습이란 선수의 수준과 연습 시간에 따라 달라진다. 배구는 여러 스포츠 중에서도 난도가 높은 종목이다. 따라서 초보자들끼리 게임 형식의 연습을 하면 서브부터 상대 진영으로 잘 넘어가지 않고, 넘어간다고 해도 랠리 역시 잘 이어지지 않아 게임이 성립되지 않는 사태가 벌어진다. 이 책에서는 갓 입문한 사람도 배구의 즐거움을 느낄 수 있도록 기본 연습부터 응용 연습까지 점점 발전하는 형식으로 구성했다.

예를 들어 오버핸드 패스를 습득하려면 팔꿈치와 손목 사용법을 익히는 기본 메뉴를 연습(메뉴 023)한 다음, 혼자서 하는 수직 패스(메뉴 027)→2명이 패스 주고받기(메뉴 030)→실전 연습(메뉴 162)을 하는 흐름으로 진행한다.

어느 단계에서 연습이 잘 되지 않으면 이전 단계로 돌아가거나 코디네이션 및 바디컨트롤 훈련을 도입한다. 또한, 난도가 너무 높은 연습보다는 될지 안 될지 아슬아슬한 경계에 있는 연습을 반복해서 선수 스스로 성장을 실감하는 순간을 만드는 것이 좋다.

이 책에는 200개가 넘는 연습 메뉴를 소개한

메뉴 구성의 예

목표: 오버핸드 패스 기술의 향상

볼을 능숙하게 컨트롤하지 못하거나 여러 번 같은 곳에서 실수한다면 기본으로 돌아가거나 코디네이션 및 바디컨트롤 훈련을 실시한다.

메뉴 023
팔꿈치 사용법을 익힌다

메뉴 027
수직 패스를 연습한다

메뉴 030
2명이 패스를 주고받는다

메뉴 162
시합과 같은 환경에서 실전 연습을 한다

② 레벨을 조금 높인 메뉴를 실시한다

다. 그 가운데 A라는 메뉴를 매일 똑같이 반복했다고 가정하자. 그러면 언젠가 기술이 몸에 배면서 성과가 100% 나올지도 모르지만, 이처럼 매번 같은 연습만 반복하면 연습 이상의 성과가 나오기는 좀처럼 쉽지 않다.

이때 A 메뉴의 연습 효과를 높이는 방법이 있다. A 메뉴에 조건과 제한을 조금씩 추가하는 방식으로 레벨을 높여 새로운 A 메뉴를 만드는 것이다. 난도를 한 번에 올리면 전혀 다른 메뉴가 되므로 조금씩 어렵게 만드는 것이 포인트다. 이를 적용하면 연습 메뉴를 무한으로 만들어 낼 수 있다.

예를 들어 스파이크를 때리는 메뉴(메뉴 116)가 있다면, 상대 블로커를 세워서 레벨을 올리고, 거기서 또 리시버를 추가해 조금 더 레벨을 올리는 것이다. 이 책에서 소개한 메뉴 가운데 '하프 코트로 제한한다', '룰을 추가한다'와 같은 코멘트는 메뉴의 난도를 조금씩 올리는 전형적인 방법이다.

선수나 지도자가 필요한 요소를 생각하고 이에 알맞은 메뉴를 만들어 내면 연습을 더욱 효과적으로 이어갈 수 있다.

③ 현실감 넘치는 실전을 염두에 두고 훈련한다

연습은 얼마만큼 실전에 가깝게 실시하는지가 굉장히 중요하다. 연습은 연습, 시합은 시합으로 인식하면 연습 때 익힌 것들을 시합에서 잘 발휘하지 못한다. 연습 하나하나가 통합되지 못하고 별개의 도전에 그치고 마는 것이다.

연습은 어디까지나 시합을 위해 하는 것이므로 어떤 연습이든 상대나 시합을 염두에 두고 달아오른 분위기에서 실시하도록 하자. 그러면 연습 때 익힌 능력을 시합에서 발휘하기가 쉬워진다.

인간의 잠재의식은 실제와 상상을 잘 구분하지 못한다. 예를 들어 지금 눈앞에 레몬이 있다고 상상해 보자. 그 레몬을 칼로 잘라 입에 넣는 상상만 해도 "아이, 셔!"라는 말이 절로 나오지만, 실제로 눈앞에는 아무것도 없다. 아무것도 없이 머릿속에 떠올리기만 해도 반응이 나타나는 것이다.

즉, 연습할 때도 실전에 가까운 상황을 떠올리며 실시하면 연습의 질이 올라간다. 어느 정도 수준이 올라가면 영상을 보고 이미지 트레이닝만 해도 성과가 올라간다고 한다.

초급 레벨에서 이 정도 수준까지 요구하기는 힘들지만, 연습할 때는 꼭 실전처럼 하도록 지도하자.

배구 기초 지식

배구 시합의 특징 및 코트

배구는 네트로 나눠진 코트 위에서 두 팀(1팀 6명)이 대전하는 형태로 이루어진다. 각 팀은 자기 코트에 볼을 떨어뜨리지 않고, 3번 안에(블로킹에 의한 접촉은 제외) 상대 코트로 볼을 넘겨야 한다.

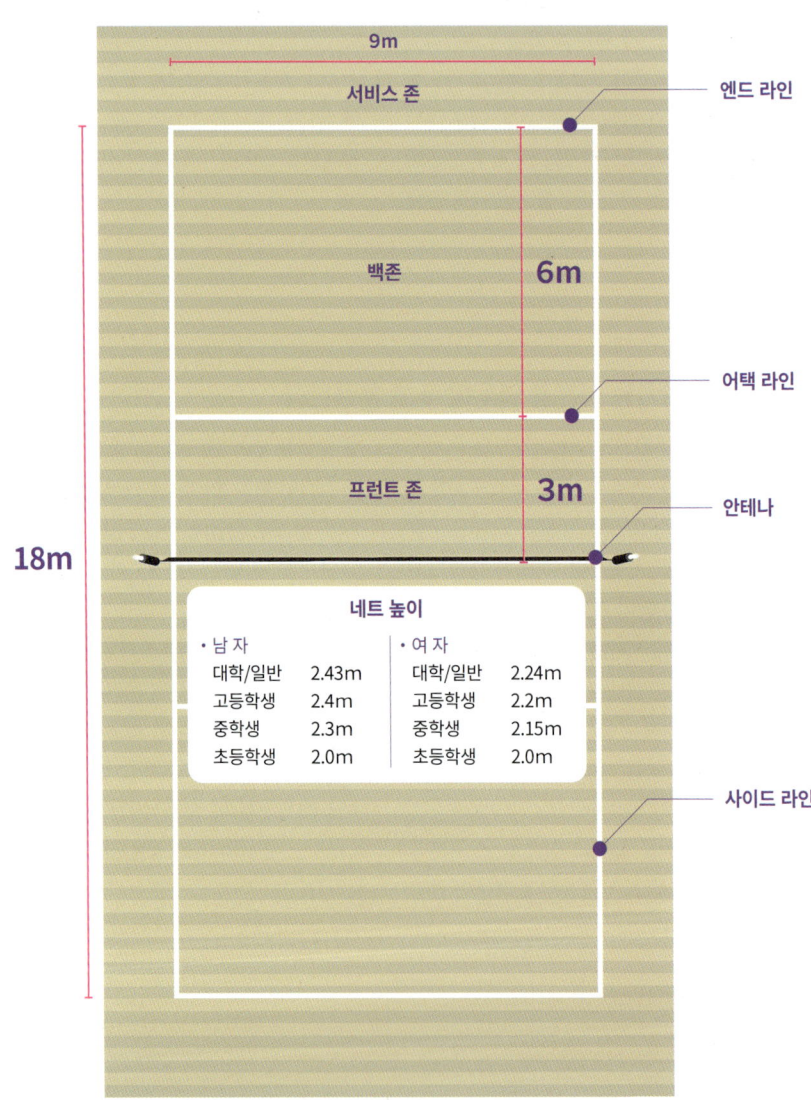

시합의 승패

시합은 3세트 매치나 5세트 매치로 진행하며 3세트 매치에서는 2세트, 5세트 매치에서는 3세트를 선취한 팀이 이긴다. 1세트는 25점을 선취한 팀이 획득하는데, 24대 24로 동점이 되면 '듀스'로 2점 차가 날 때까지 시합을 이어간다. 단, 마지막 세트는 15점을 선취한 팀이 이긴다.

5세트일 경우

	1세트	2세트	3세트	4세트	5세트
A팀	18점 패	25점 승	26점 승	23점 패	13점 패
B팀	25점 승	21점 패	24점 패	25점 승	15점 승

※ 5세트 매치에서 3세트를 딴 B팀이 승리

어떻게 점수를 낼까

먼저 시합 전에 두 팀의 대표가 동전 던지기를 한다. 미리 동전의 앞, 뒤를 고르고 동전을 던져서 선택한 면이 나오는 팀은 시합 시작 때 먼저 '서브(서비스)'할 권리(서브권)와 사용할 코트를 지정할 권리 가운데 하나를 선택한다.
시합은 서브권을 얻은 팀의 서브로 시작한다.

그다음에는 볼이 바닥에 떨어지거나 네트에 걸리는 등으로 인해 상대 코트로 볼이 넘어가지 않는 경우, 둘 중 한 팀이 반칙하거나 패널티를 받을 때까지 랠리가 이어진다. 랠리를 따낸 팀이 1점을 획득한다.

상대에게 1점을 내주는 주된 케이스

- **더블 컨택트(Double contect)**: 같은 선수가 2번 연속으로 볼을 터치한다.
- **포 히트(Four hits)**: 아군 팀 선수가 4번 이상 볼을 터치한다.
- **홀딩(Holding)**: 몸 일부로 볼을 멈추게 한다.
- **터치 네트(Touch net)**: 플레이 중에 네트를 건드린다.
- **네트 오버(Net over)**: 네트를 넘어서 상대 코트의 볼을 터치한다.
- **아웃 오브 바운드(Out of bound)**: 볼을 네트 가장자리에 있는 안테나를 맞추거나 안테나 바깥쪽을 통과하는 경우.
- **패싱 더 센터라인(Passing the center line)**: 인-플레이 중에 발(복사뼈보다 아래)이 완전히 센터라인을 넘는다.
- **포지셔널 폴트(Positional fault)**: 서브하기 전에 다른 선수가 이동해서 원래 위치와 다른 곳에 있거나 서비스 순서를 틀린다.
- **후위 공격자 반칙**: 후위에 있는 선수가 어택 라인 앞쪽에서 공격해 상대 코트로 볼을 넘긴다.

로테이션과 서브

서브권이 없는 팀이 득점하면 서브권을 얻고, 그 팀의 선수들은 시계 방향으로 한 칸씩 포지션을 이동하는 '로테이션'을 한다. 서브권을 가진 팀이 득점하면 로테이션을 하지 않고, 같은 서버가 서브한다. 서버가 볼을 때리는 순간, 코트 안에 있는 서버 이외의 모든 선수는 각각 로테이션 위치에 있어야 한다. 단, 플레이가 시작되면 선수는 각자의 포지션으로 이동한다. 로테이션으로 후위에 물러난 선수는 블로킹에 가담하면 안 된다. 또한, 스파이크도 어택 라인 뒤쪽에서만 때려야 하는 등 제한이 있다.

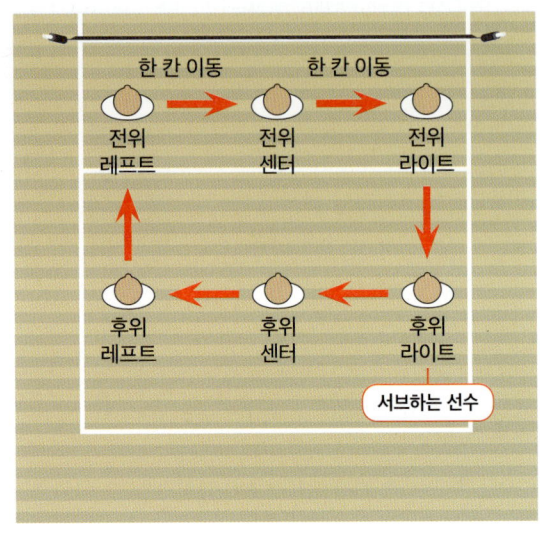

경기전 선수의 자리 배치는 자유롭게 설정할 수 있다. 서브권을 가진 팀은 서브가 강한 선수부터 시작하거나 로테이션으로 센터가 후위에 있을 때, 전위에 공격수가 3명 있는 상황을 만들어 공격력을 높이는 등 시합 전술에 따라 크게 바뀌는 것이 로테이션이다.

선수 교체와 타임아웃

대회에 따라 다르지만, 일반적으로 1팀에 선수 12~14명을 등록하고 시합에 나간다. 코트에 있는 선수와 벤치에 있는 선수를 교체하는 것은 1세트에 6번까지 인정된다. 선수 교체를 동시에 여러 명 할 수도 있는데, 일대일 교체를 1번으로 카운트하기 때문에 동시에 2명을 교체하면 2번으로 카운트한다. 벤치로 내려간 선수가 한 번 더 코트에 들어가려면 자기 대신 들어간 선수하고만 교체할 수 있다. 또한, 전위로 들어가지 않는 리베로와 교체하는 것은 선수 교체 횟수에 포함하지 않는다(후위에 있는 선수라면 여러 번 교체할 수 있다).

타임아웃은 1세트에 2번(1번당 30초) 부를 수 있으며, 타임아웃 횟수는 다음 세트로 이월되지 않는다.

배구 포지션

배구는 팀 안에서 담당하는 역할과 팀 전술에 따라 각 포지션 인원수가 다르지만, 세터와 리베로를 제외한 모든 선수가 공격수(어태커)다. 따라서 각 포지션에 필요한 능력만 갈고닦지 말고, 패스·리시브·블로킹 등 배구에 필요한 모든 기술을 향상시키기 위해 노력하는 것이 무엇보다 중요하다.

| 아웃사이드 히터(OH)

코트의 양 사이드(레프트, 라이트)에 위치하며 공격할 때는 스파이크를, 수비할 때는 서브 리시브와 디그를 담당하는 공수의 핵심.

| 미들 블로커(MB)

코트의 센터에 위치하며 블로킹의 중심이 되는 포지션. 공격할 때는 속공을 시도하는 선수가 많다.

| 어퍼짓 스파이커(OP)

공격을 최대 무기로 삼고, 전위에 있을 때는 물론, 후위로 물러나 있을 때도 늘 공격에 가담한다. 팀에 따라 어퍼짓 스파이커 없이 아웃사이드 히터를 배치하는 경우도 있다.

| 세터(S)

공격의 구성을 생각하며 공격수에게 토스를 올리는 것이 가장 큰 역할이다. 팀의 사령탑이라고도 불리며 일반적으로 팀 내에서 1명이 이 역할을 담당한다.

| 리베로(L)

공격에는 가담하지 않고, 후위에서 수비를 전문으로 담당한다. 경기 중에는 1명만 코트에 있을 수 있다. 혼자만 다른 색의 유니폼을 입고, 서브나 스파이크, 블로킹을 시도하면 안 된다. 어택 라인보다 앞에서 오버핸드로 토스를 올리기도 하지만, 토스를 스파이크로 때리는 것은 반칙이다.

기본 용어집

	용어	의미
ㄷ	디그	서브 리시브를 제외하고 상대의 공격을 걷어 올리는 리시브 전반을 가리킨다.
ㅂ	백어택	후위 선수가 때리는 스파이크. 어택 라인 뒤쪽에서 점프 도약을 끝내지 않으면 반칙이다.
ㅂ	브레이크	서브권을 가진 팀이 득점하는 것.
ㅂ	블로킹 커버	팀 동료의 스파이크가 상대 블로킹에 막혔을 때 볼을 리시브하는 것. 블로킹 팔로우라고도 한다.
ㅅ	사이드 아웃	상대 서브권을 빼앗아서 서브권을 따내는 것.
ㅅ	서브 리시브 (리셉션)	상대 코트에서 때린 서브를 받는 리시브 동작.
ㅅ	세컨드 템포	세터가 토스를 올리는 동시에 도움닫기를 시작하는 어택.
ㅅ	세트	세터가 공격수에게 올리는 패스. 토스라고도 한다.
ㅅ	셧아웃	블로킹으로 상대 진영에 볼을 떨어뜨려서 점수를 따는 것.
ㅅ	스트레이트 (스파이크)	볼을 사이드 라인과 평행으로 때리는 스파이크.
ㅇ	어택	점수로 이어지는 공격적인 플레이 전반을 가리킨다.
ㅇ	오픈 공격	주로 양 사이드의 전위 공격수에게 높은 토스를 올려 시간적으로 여유를 가지고 때리는 스파이크. 서드 템포라고도 한다.
ㅋ	크로스 (스파이크)	볼이 코트를 대각선으로 가로지르는 스파이크.
ㅌ	투어택	주로 세터가 토스를 올리는 척하면서 스파이크나 페인트로 공격하는 것. 세터가 전위에 있을 때만 할 수 있다.
ㅍ	퍼스트 템포	공격수가 세터의 토스보다 먼저 도움닫기를 시작하는 가장 빠른 공격. 퀵(속공)이라고도 한다.
	2단 토스	리시브한 볼이 세터의 정위치에서 크게 벗어난 지점으로 올라오는 세팅을 말한다.
	A퀵(속공)	세터의 레프트 50cm~1m 거리에 토스를 올리는 빠른 공격.
	A패스	세터의 정위치로 들어온 리셉션. 속공이나 백어택 등 팀의 다양한 공격을 활용할 수 있다.
	B속공(퀵)	세터의 레프트 2~3m 거리에 토스를 올리는 빠른 공격.
	B패스	세터의 정위치에서 반경 1~2m 안으로 들어오는 리셉션. 이때도 거의 모든 공격을 활용할 수 있다.
	C퀵(속공)	세터의 라이트 50cm~1m 거리에 토스를 올리는 빠른 공격.
	C패스	퍼스트 템포 공격을 하기 힘든 패스다.
	D퀵(속공)	세터의 라이트 2~3m 거리에 토스를 올리는 빠른 공격.
	D패스	상대 코트로 직접 볼을 넘기거나 스파이크로 넘길 수 없는 패스다.

제 1 장
코디네이션 훈련

코디네이션이란 '자기 몸을 스스로 자유롭게 움직일 수 있는 능력'을 말한다. 배구는 물론, 운동할 때 '코디네이션 능력'을 훈련하는 것은 플레이 향상을 위한 지름길이다.

배구에 적합한 몸 만들기

뇌와 몸을 잘 연동시키는 것이 중요하다

1장에서는 '코디네이션 능력(Coordination Exercise, 협응력)'을 높이기 위한 운동법을 소개한다. 먼저 코디네이션이 무엇인지 살펴보자.

사람은 운동할 때 오감을 통해 들어온 정보를 뇌에서 처리한 다음 신경을 통해 근육으로 전달하여 몸을 움직인다. 이 신경계를 조절하여 자유롭게 몸을 움직일 수 있는 능력을 '코디네이션'이라고 한다.

코디네이션은 크게 7가지 능력으로 나뉜다. 운동할 때는 이 7가지 능력이 복합적으로 작용하며 사용된다.

코디네이션 능력을 높이면 운동할 때 움직임이 개선되며 운동 수행 능력 향상, 기술 습득 속도 향상, 부상 방지 등에 도움이 된다.

또한, 코디네이션 능력을 높이는 훈련은 몸을 움직이면서 뇌를 자극하므로 스포츠에 필요한 사고력, 집중력 등 다양한 능력을 향상시킬 수 있다. 이처럼 다양한 면에서 운동에 효과적이기 때문에 세계적인 운동선수도 꼭 실시하는 것이 코디네이션 훈련이다.

예전에는 아이들이 밖에서 뛰어노는 것이 일반적이었기 때문에 놀면서 코디네이션 능력을 기를 수 있었지만, 요즘은 쉽지 않다. 유소년기에 몸을 쓰면서 놀아본 적이 없는 아이는 몸을 움직이는 법을 잘 모르는 경우가 많다. 따라서 배구할 때 필요한 기술과 플레이를 배우기 전에 밑바탕이 되는 몸 사용법을 익히는 것이 무엇보다 중요하다.

코디네이션 능력은 7가지로 분류한다

1 리듬 능력(예: 메뉴 014 잔발 스텝 훈련)
리듬감을 키워서 움직이는 타이밍을 능숙하게 잡는 능력. 해당 능력을 키우면 순발력뿐만 아니라 기술을 습득하는 속도도 빨라진다. 떨어지는 볼에 타이밍 맞춰 몸을 움직이는 등 순간적으로 적절한 타이밍에 몸을 움직인다.

2 균형 능력(예: 메뉴 016 훌라후프 점프)
몸의 균형을 올바르게 유지하는 능력. 몸의 균형이 무너졌을 때 재빨리 자세를 바로잡는 능력도 포함된다. 몸의 중심을 잘 잡는 균형 감각을 길러두면 점프한 후에 착지할 때도 굉장히 도움이 된다.

3 전환 능력(예: 메뉴 002 바닥으로 볼 튕긴 후 일어서서 캐치)
상황 변화에 맞춰 재빨리 움직임을 전환하는 능력. 배구는 상황에 따라 동작 변화가 특히 많은 운동이자 순간순간 국면이 순식간에 지나간다. 그러므로 갑작스러운 상황 변화에 맞춰 움직임을 빠르게 전환하는 능력을 반드시 익혀야 한다.

4 반응 능력(예: 메뉴 012 덧셈, 곱셈 전력 질주)
상대의 대응에 빠르게 반응하고, 정확하게 움직이는 능력. 예를 들면 상대의 빠른 공격을 신속하고 적절하게 대응하는 능력이다.

5 연결 능력(예: 메뉴 003 발 사이에 볼 끼워서 던지기)
몸 전체의 움직임을 연계해서 빠르고 부드럽게 움직이는 능력. 예를 들어 스파이크할 때는 달려와서 발을 구르고 점프하는데, 이때 동시에 상체를 틀면서 손을 뒤로 보내야 한다. 이처럼 몸의 여러 부분을 연동하여 자연스럽고 빠르게 동작하는 능력이다.

6 위치 파악 능력(예: 메뉴 009 날아오는 볼을 볼로 맞춰서 떨어뜨리기)
자신을 기준으로 움직이는 물건이나 다른 사람과의 거리, 위치 관계를 정확하게 파악하는 능력. 빠른 속도를 그대로 유지한 상태에서 플레이하면 다른 선수와 부딪힐 수 있으므로 조금 속도를 늦추는 등, 자신과 상대의 위치 관계를 공간과 시간을 고려해 판단한다.

7 식별 능력(예: 메뉴 004 온몸 리프팅)
몸동작과 도구를 연계하여 능숙하게 조절하는 능력. 가볍게 볼 패스하기, 힘차게 볼 때리기, 오른쪽으로 볼 높이 던지기 등 힘의 완급과 방향을 조절하는 능력이기도 하다.

코디네이션
볼 두드려서 튕기기

인원수	1명
장소	제약 없음
레벨	초급

 볼에 힘을 전달하는 방법에 따라 볼이 어떻게 튀는지 관찰하며 볼 다루는 감각을 익힌다. 볼을 누르기만 하고, 잘 다루지 못하면 생각처럼 튀어 오르지 않는다.

① 바닥에 놓인 볼을 두드린다

② 손목 스냅을 사용해 볼을 튕기며 드리블한다

③ 볼 가운데를 눌러서 볼의 움직임을 멈춘다

양손 모두 익숙해지도록 연습한다

코디네이션
바닥으로 볼 튕긴 후 일어서서 캐치

인원수	1명
장소	제약 없음
레벨	초급

 배구는 여러 자세에서 일어나거나 몸을 날리는 등 재빠르고 자유롭게 움직이는 것이 무엇보다 중요하다. 볼에 힘을 전달하는 방법과 자기 몸을 신속하게 움직이는 능력을 기른다.

① 볼을 잡고 엎드린 다음 몸을 뒤로 활처럼 젖힌다

② 몸을 시계추처럼 흔들어 그 반동으로 볼을 튕긴다

③ 재빨리 일어나 볼을 잡는다

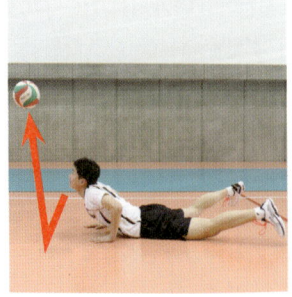

바운드하기 전에 캐치!

인원수	1명
장소	제약 없음
레벨	초급

MENU 003 — 코디네이션
발 사이에 볼 끼워서 던지기

> **목표** 타이밍 맞춰 몸의 각 부위를 정확하게, 동시에 움직이는 능력(연결 능력)을 향상시킨다. 볼 아래로 손을 밀어 넣어서 손등으로 튕겨 올리는 슬라이딩 리시브 '팬케이크(메뉴 084)'도 함께 익힌다.

① 두 발 사이에 볼을 끼우고 선다

☑ CHECK!
두 발의 발꿈치 부근에 볼을 살짝 끼운다.

② 발만 사용해 볼을 띄운다

볼이 똑바로 올라오도록 컨트롤한다

☑ CHECK!
점프와 동시에 무릎을 굽혀서 볼을 위로 올린다.

③ 공중에 뜬 볼을 잡는다

☑ CHECK!
가능하면 자세를 무너뜨리지 않고, 가슴 높이에서 볼을 잡는 것이 좋다.

④ ②에서 띄운 볼을 팬케이크 기술로 걷어 올리는 연습도 한다

③의 볼 잡기까지만 연습해도 OK!

☑ CHECK!
응용 연습 중 하나다. 캐치보다 몸을 빠르고 정확하게 움직여야 한다.

인원수	1명
장소	제약 없음
레벨	초급~중급

MENU 004 코디네이션

온몸 리프팅

목표 볼을 바닥에 떨어뜨리지 않고 능숙하게 다루는 축구 리프팅을 온몸으로 실시한다. 배구는 온몸 어느 부위로든 리시브해도 되므로 다양한 부위로 볼을 컨트롤할 수 있도록 연습한다.

① 발로 볼이 떨어지지 않도록 리프팅한다

② 머리나 어깨도 사용해서 볼을 계속해서 리프팅한다

조언
리프팅을 오래 이어갈 수 있게 되면 조건을 단다. 예를 들면 같은 부위로 2번 볼을 터치하면 안 된다든가 왼쪽·오른쪽을 교대로 사용한다든가 하는 방식으로 좀 더 어려운 조건을 붙여서 리프팅을 실시한다.

MENU 005 코디네이션

볼 온 볼

인원수	2명
장소	제약 없음
레벨	초급

목표 볼을 가지고 동료 선수가 볼을 보내는 장소로 재빨리 이동한 다음 날아오는 볼의 힘을 빨아들이듯이 들고 있는 볼 위로 캐치한다. 볼의 중심을 찾는 감각을 기르면 리시브 기술 습득도 수월하게 할 수 있다.

① 볼 받는 선수는 볼을 몸 앞쪽에서 잡는다. 볼 던지는 선수는 원 바운드로 볼을 보낸다

② 날아오는 볼을 자신이 가지고 있는 볼 위에 올리면서 캐치한다

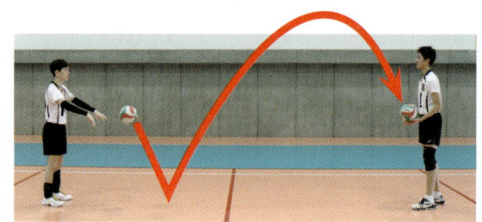

조언
익숙해지면 노 바운드로 날아오는 볼을 볼 위에 올려보자. 또 혼자서 하는 응용 연습으로 잡은 볼과 그 위에 올린 볼 2개를 동시에 위로 던진 다음 위아래 볼의 위치를 바꿔 잡는(손으로 잡고 있던 볼을 위로 올리는) 방법도 있다.

가지고 있는 볼 위에 정확하게 올린다

MENU 006 코디네이션	인원수 2명 장소 제약 없음 레벨 초급

등뛰어넘고 캐치

목표 배구를 갓 시작한 사람은 볼이 떨어지는 위치로 이동하는 것만으로도 허둥대기 쉽다. 당황하지 않도록 몸동작과 볼이 떨어지는 타이밍을 잘 맞추는 능력을 익힌다.

① 볼을 조금 앞쪽으로 던진다

② 볼이 떠 있는 사이에 등 뛰어넘기를 한다

③ 떨어지는 볼을 잡는다

MENU 007 코디네이션	인원수 2명 장소 제약 없음 레벨 초급

볼 2개로 드리블한 후 바운드 패스

목표 볼 2개를 동시에 다루면서 볼에 익숙해진다. 더불어 여러 동작을 복합적으로 하여 뇌를 자극하고 다양한 상황에 대응하는 판단력을 높인다.

① 볼 2개를 동시에 드리블한다

② 세 번째 바운드에 볼 2개를 동시에 동료에게 패스한다

☑ **CHECK!**

좌우 드리블의 리듬이 다르면 드리블하기 어려워질 뿐만 아니라 바운드 패스를 받는 동료도 어려워진다. 두 사람이 함께 "하나·둘·셋"을 외치면서 패스를 주고받으면 연습이 수월해진다.

코디네이션

볼 2개를 바꿔서 잡기

인원수	1명
장소	제약 없음
레벨	초급

목표 볼 2개를 바꿔 잡는 연습으로 주변 시야(고개를 움직이지 않고 보이는 시야 범위)를 의식하면서 볼과 몸을 컨트롤할 수 있도록 한다.

① 두 손으로 동시에 볼 2개를 던진다

② 두 손을 좌우로 교차해서 볼을 잡는다

조언
볼 2개를 동시에 높이 던지지 않으면 잡기 어렵다. 무릎의 탄력을 활용해서 던지면 높이를 맞추기 쉽다. 마지막에는 좌우 손이 번갈아 위로 올라오도록 연습하자.

코디네이션

날아오는 볼을 볼로 맞춰서 떨어뜨리기

인원수	2명
장소	제약 없음
레벨	중급~상급

목표 움직이는 물체를 겨냥해 다른 물체로 맞추는 수준 높은 훈련이다. 상황 판단, 타이밍, 컨트롤, 공간 인지 능력 등을 높일 수 있다.

① 한 명이 동료에게 볼을 던진다

② 날아오는 볼을 들고 있던 볼로 던져 맞춘다

조언
던지기만 하지 말고 스파이크로 볼을 맞추는 등 다양한 방법으로 볼을 맞춰 보자. 동료가 던지는 볼의 궤도, 자신이 보내는 볼의 속도와 높이를 정확하게 예측하면 스파이크로도 맞출 수 있다.

MENU 010 코디네이션

한 손 리시브 & 한 손 드리블

인원수	2명
장소	제약 없음
레벨	중급

1 코디네이션 훈련

목표 배구는 도움닫기를 하면서 상대 코트를 보는 등 무언가를 하는 동시에 다른 행동을 해야 하는 경우가 많다. 왼손과 오른손을 서로 다르게 움직이면서 동작과 함께 신경계를 단련한다.

① 왼손으로 드리블한다

② 계속 드리블하면서 날아오는 볼을 오른손으로 리시브한다

조언 한쪽 움직임에만 너무 집중하면 다른 쪽의 움직임이 소홀해지기 쉽다. 좌우 동작을 바꿔서도 연습하고 몸과 볼을 정확하게 움직이도록 하자.

MENU 011 코디네이션

막대기 잡기

인원수	2명
준비물	막대기
레벨	초급

목표 배구 특유의 동작을 빠르게 연결하는 연습이다. 자신과 동료의 타이밍, 호흡을 맞추면서 움직이는 것이 중요하다. 익숙해지면 둘 사이의 거리를 넓힌다.

① 긴 막대기를 잡고 두 사람이 마주 본다

② 막대기를 놓고 전력 질주한다. 동료의 막대기가 바닥에 떨어지기 전에 잡는다

조언 막대기가 없다면 볼로 대신해도 된다. 이때는 각자 가지고 있는 볼을 바운드시킨 다음 자리를 바꾸는데, 볼이 투 바운드되기 전에 잡으면 성공이다.

MENU 012 — 코디네이션
덧셈, 곱셈 전력 질주

인원수	3명 이상
장소	제약 없음
레벨	초급

목표 코치는 간단한 계산 문제를 내고, 선수들은 대답하면서 약속한 방향으로 질주한다. 순간적인 판단력과 판단한 후에 빠르게 움직이는 능력을 기른다.

① 선수들은 코치를 등지고 한 줄로 선다

② 문제의 대답이 짝수면 왼쪽, 홀수면 오른쪽으로 전력 질주한다

"덧셈이야!"

"오른쪽!"

✓ CHECK!
코치는 미리 덧셈인지 곱셈인지 정해 놓고, 손뼉을 친 다음 손으로 숫자를 표시한다. 손뼉을 치는 순간, 대기하고 있던 선수들은 뒤돌아서 대답의 방향을 향해 달려간다. 틀린 선수나 가장 늦은 선수는 팔굽혀펴기 10번 하기 등 벌칙을 수행한다. 워밍업 때 게임 느낌으로 실시하면 분위기가 고조된다.

MENU 013 — 코디네이션
거울 훈련

인원수	2명
장소	제약 없음
레벨	초급

목표 스포츠에서는 직접 본 동작을 재현할 수 있는 능력을 기르면 새로운 기술을 습득하는 데 도움이 된다. 2인 1조가 돼서 거울 속에 비친 모습이 됐다고 상상하며 동료의 움직임을 보고 재빨리 같은 동작을 취한다.

① 두 사람이 마주 보고 선 다음 한 사람이 몸을 움직인다

② 자신이 거울이 됐다고 생각하고 동료의 동작을 재빨리 따라 한다

몸을 움직인다

동작을 따라 한다

조언
처음에는 손뼉 치기, 빠른 제자리걸음처럼 작은 동작부터 시작하고, 조금씩 점프나 사이드 스텝, 롤링 리시브(메뉴 082를 볼 것) 등 동작이 크고 변화가 많은 움직임을 취한다.

MENU 014 — 코디네이션 — 잔발 스텝 훈련

인원수	3명 이상
장소	제약 없음
레벨	초급

목표 코치 또는 선수 1명은 상하좌우로 손을 움직여서 신호를 보낸다. 위는 점프하며 손뼉치기, 아래는 엎드리기, 좌우는 각 방향을 바라보기 등 미리 방향과 동작을 정해 놓고 연습을 시작한다. 순간적인 판단력과 민첩성을 익히는 훈련이다.

1. 중심을 낮추고 그 자리에서 잰걸음으로 제자리 달리기를 한다

 지시하는 사람의 신호를 보고 재빠르게 반응한다

위쪽이니까 점프하면서 손뼉치기!

상하좌우 중 한쪽으로 손을 움직인다

✓ CHECK!

지시하는 사람이 상하좌우로 내리는 신호에 따른 동작은 어떤 동작이든지 좋다. 지시하는 사람이 신호를 할 때까지는 잰걸음으로 제자리 달리기하면서 기다린다. 긴 시간 연습하는 것보다 짧은 시간 동안 리듬감 있게 반복하는 것이 효과적이다. 소리를 지르면서 연습하면 분위기가 달아오른다.

MENU 015 — 코디네이션 — 볼 릴레이

인원수	4명 이상
장소	코트 전체
레벨	중급

목표 볼을 자유롭게 컨트롤 할 수 있는 능력을 향상시키는 훈련이다. 원 바운드로 네트에 맞힌 볼을 잡는 등 볼과 관련한 미션을 클리어한 후에 반대쪽 엔드 라인까지 전속력으로 달려갔다가 돌아온다. 두 팀으로 나누어 릴레이로 경쟁하면 더 효과적이다.

볼을 사용하는 미션을 설정하고, 미션을 클리어하면 반대쪽 엔드 라인까지 달려갔다가 돌아와서 다음 선수에게 볼을 건넨다

오른쪽 그림은 원 바운드로 볼을 네트에 맞히고 튕겨 나오는 볼을 잡은 다음 네트 아래를 지나서 달려가는 미션이다. 팀을 나누어 어느 팀이 빠른지 경쟁한다.

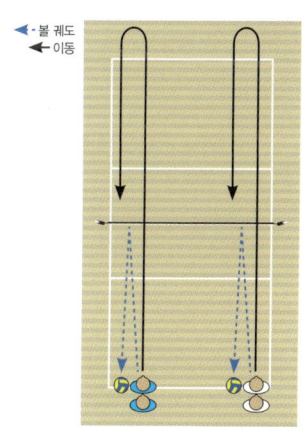

← 볼 궤도
← 이동

조언

릴레이라고 초조해하지 말고, 미션에 집중해서 클리어하는 것이 중요하다. 다양한 미션을 실시하면 볼 컨트롤 능력과 함께 전속력으로 달리는 능력도 향상시킬 수 있다. 전력 질주도 뒤로 달리기, 다양한 스텝 밟기 등 여러 방식으로 해 보자.

코디네이션

훌라후프 점프

인원수 1명 이상
준비물 훌라후프
레벨 중급

목표 일렬로 서서 훌라후프를 던지는 선수의 움직임을 보고, 되돌아오는 훌라후프를 뛰어넘는 훈련이다. 코디네이션 능력과 팀워크를 높인다.

① 맨 앞의 선수는 훌라후프에 역회전을 걸어서 던진다

② 회전하면서 되돌아오는 훌라후프를 점프하며 뛰어넘는다

✓ CHECK!

이 연습은 혼자서도 할 수 있고, 여럿이 함께 할 수도 있다. 사람이 많을수록 던지는 사람은 훌라후프가 더 오랫동안 굴러갈 수 있게 던지고, 뛰어넘는 사람은 훌라후프에 걸리지 않도록 타이밍을 잘 맞춰서 점프한다.

코디네이션

둥글게 서서 볼 던지고 잡기

인원수 3명 이상
장소 제약 없음
레벨 중급

목표 많은 인원이 함께하는 연습 메뉴. 신호에 맞춰 재빠르고 정확하게 대응하는 능력을 기르고, 자신을 제외한 팀 동료가 다음 동작을 취하기 편하도록 배려하는 힘도 기른다.

① 각자 볼을 하나씩 잡고 한 방향으로 둥글게 선다

② 모두 목소리를 내며 타이밍 맞춰 볼을 수직으로 던진다. 자기 앞의 선수가 던진 볼을 앞으로 나가며 받는다

익숙해지면 걸어가면서 던진다던가 앞 선수가 아니라 뒤 선수가 던진 볼을 뒤돌아 이동하면서 받는 방식으로도 해 보자. 그 밖에 둥글게 서서 안쪽을 바라보고 오른쪽 선수에게 볼 던지는 것을 5번→왼쪽 선수에게 4번→오른쪽 선수에게 3번→왼쪽 선수에게 2번→오른쪽 선수에게 1번 이런 흐름으로 모두 볼을 놓치지 않고 잡는 응용 연습도 효과적이다.

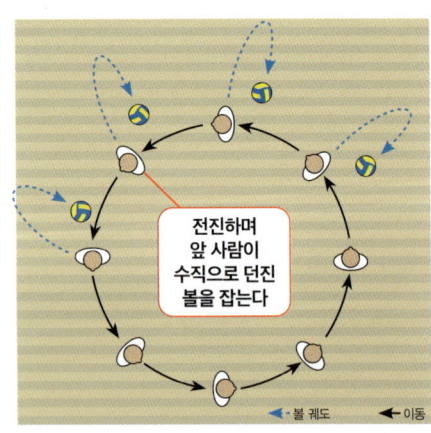

전진하며 앞 사람이 수직으로 던진 볼을 잡는다

◀ 볼 궤도 ◀ 이동

MENU 018 코디네이션	**볼 뺏기 게임**	인원수 8명 이상 장소 제약 없음 레벨 중급

> **목표** 4팀으로 나누어 한가운데 놓인 볼 7개 중 3개를 자기 진영으로 가져오면 이긴다. 팀워크뿐만 아니라 상황 판단, 순발력, 지시하는 능력과 연계하는 힘 등 다양한 능력을 갈고닦는다.

① 각 팀에서 1명씩 볼 1개를 자기 진영으로 옮긴다

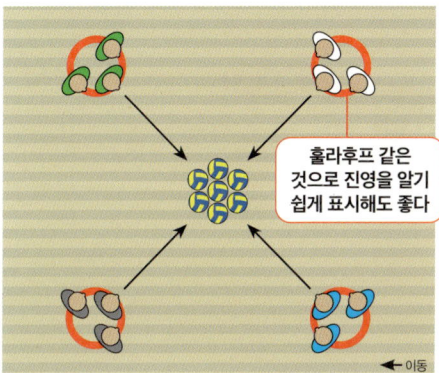

✅ **CHECK!**
시작 신호와 함께 각 팀에서 1명이 가운데 있는 볼을 가지러 간다.

② 앞 선수가 진영으로 돌아와서 볼을 놓으면 다음 선수가 움직일 수 있다

✅ **CHECK!**
한 번에 옮길 수 있는 볼은 1개뿐이다. 동료 선수에게 또는 자기 진영으로 볼을 던지면 안 된다.

③ 두 번째 선수부터는 다른 진영으로 가서 볼을 빼앗아도 된다

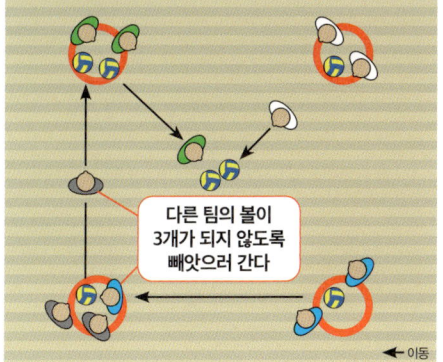

✅ **CHECK!**
자기 팀이 볼을 먼저 모으려면 다른 팀의 상황을 보면서 행동해야 한다.

④ 가장 빨리 볼 3개를 모은 팀이 이긴다

✅ **CHECK!**
스스로 결단을 내리거나, 다른 선수에게 지시를 내릴 때는 신속하게 상황을 판단해야 한다.

코디네이션
볼 2~3개로 하는 피구

인원수	6명 이상
장소	제약 없음
레벨	중급

 목표 볼을 던지고 잡는 피구를 응용한 연습이다. 볼을 2~3개로 늘려서 실시하면 반응 속도와 판단력을 향상시킬 수 있다.

볼 2개로 피구 경기를 한다

볼 2개에 익숙해지면 볼을 3개로 늘려서 피구 경기를 한다. 배구볼을 소프트 배구볼로 바꾸거나 종류가 다른 볼을 섞어서 실시하는 방법도 효과적이다.

조언
배구와 마찬가지로 피구는 시야를 넓게 봐야 하고, 동료와 상대방의 움직임을 파악하면서 빠르게 움직여야 한다. 한 팀으로 피구 시합을 하는 사이에 동료를 배려하는 마음과 협동심도 기를 수 있다.

COLUMN

리듬에 맞춰 몸을 움직여 보자!

배구는 볼의 움직임에 맞춰 자기 몸을 움직여야 한다. 이에 효과적인 것은 음악을 활용한 훈련이다.

경쾌한 음악이나 4박자 리듬의 음악을 준비한 다음 그 리듬에 맞춰 점프하기, 스텝 밟기 같은 동작을 해 보자. 스텝을 밟을 때 발동작뿐만 아니라 손동작도 추가하여 타이밍을 맞추는 등 복잡하게 만들면 더욱 효과적으로 연습할 수 있다. 리듬감을 높이면 동작에 완급 조절이 가능해지고, 운동능력도 좋아져서 퍼포먼스 향상뿐만 아니라 부상도 예방할 수 있다.

음악을 들으면서 즐겁게 실시하는 훈련이므로 수준에 상관없이 모든 선수에게 추천한다.

제 **2** 장

오버핸드 패스 & 언더핸드 패스

공격하기 전에 패스가 연결되지 않으면 득점하기가 어려워진다. 오버핸드 패스와 언더핸드 패스를 기초부터 탄탄하게 마스터해서 원하는 방향으로 볼을 컨트롤하자.

MENU 020 　[기본 자세]
오버핸드 패스

① 팔꿈치를 굽히고 두 팔을 올리면서 볼이 떨어지는 지점으로 신속하게 이동한다

② 무릎을 굽히고 자세를 낮춰 준비 자세를 취한 다음 볼이 이마보다 조금 위에 올 때까지 기다린다

조언

볼 컨트롤이 어느 정도 가능해지면 동료의 포지션과 상대 진형을 파악하기 위해 이동하면서 재빨리 볼에서 시선을 떼고, 주변을 살피도록 한다. 또 오버핸드 패스는 볼을 보내고 싶은 방향으로 몸을 돌려서 패스하는 방법이 가장 쉽지만, 어느 방향으로든 자유자재로 볼을 패스할 수 있도록 다양하게 볼 올리는 방법을 연습하자.

☑ **CHECK!**

팔꿈치를 어깨너비보다 조금 넓게 벌리고, 어깨보다 조금 높은 위치에서 볼을 기다린다. 너무 힘을 주지 말고 편안하게 자세를 잡는다.

☑ **CHECK!**

볼을 두 손 사이에 놓고, 고개는 앞을 향한 채 시선만 위를 향한다.

목표 동료에게 볼을 보낼 때, 이마 위에서 두 손을 사용해 볼을 다루는 패스를 오버핸드 패스라고 한다. 세터가 공격수에게 토스를 올릴 때 주로 사용한다. 이때 세터는 공격수가 스파이크를 때리기 쉬운 토스(세터가 볼을 토스하는 것을 '배치한다, 정리한다'는 의미의 영어를 사용해서 '세팅'이라고도 한다)를 늘 염두에 두는 것이 중요하다. 손목, 팔꿈치, 하반신의 탄력을 이용해 에너지를 만들어 내고, 어떤 상황에서든 원하는 위치에 정확히 패스할 수 있도록 연습하자.

③ 팔꿈치와 무릎의 반동을 부드럽게 사용하여 볼을 받는다

④ 손목, 팔꿈치, 하반신의 탄력을 사용하여 볼을 앞으로 보낸다

볼을 잡고 당겼다가 밀어내는 것이 아니라, 손에 들어온 볼의 탄력을 이용해 밀어내는 것이다

☑ CHECK!

볼을 보내는 방향과 손, 어깨, 허리, 발꿈치가 같은 방향을 향해 일직선이 되면 힘이 잘 전달된다.

✕ NG

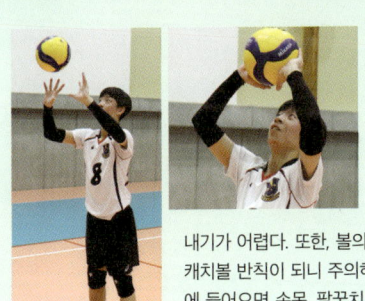

볼이 손에 닿는 순간에 팔꿈치와 무릎이 쭉 펴져 있으면, 볼의 힘을 흡수하거나 몸의 탄력을 이용해 볼을 보내기가 어렵다. 또한, 볼의 움직임이 멈추면 캐치볼 반칙이 되니 주의해야 한다. 볼이 손에 들어오면 손목, 팔꿈치, 하반신의 힘으로 튕겨서 패스하자.

MENU 021	오버핸드 패스의 기초	인원수 1명
	볼 잡는 법	장소 제약 없음
		레벨 초급

목표 볼을 원하는 대로 컨트롤할 수 있도록 오버핸드 패스의 손 준비 동작과 볼 잡는 법을 익힌다. 손가락 두 번째 마디까지 사용하여 볼을 양옆에서 잡듯이 형태를 만든다.

1 바닥에 놓인 볼을 두 손으로 위에서 누른다

☑ **CHECK!** 엄지손가락, 집게손가락, 가운뎃손가락의 첫 번째 마디 부근에 볼을 살포시 끼운다.

2 볼을 잡고, 이마 조금 위까지 들어 올린 다음 잡는 법을 확인한다

☑ **CHECK!** 팔꿈치를 쭉 펴지 않는다. 시선은 볼을 보자.

조언

이 연습 메뉴는 어디까지나 손 준비 동작을 확인하기 위한 것이므로 ②에서 끝내면 된다. 실제로 오버핸드 패스를 할 때는 볼을 잡지 않으므로 가볍게 잡도록 하자. 바닥에 그대로 눌러보고 손가락이 볼에 밀리는 감각을 느껴보는 것도 도움이 된다. 정확한 준비 동작을 익힌 상태에서 메뉴 045 '벽 맞고 튕겨 나오는 볼 패스하기' 같은 연습을 이어서 하면 볼 컨트롤 감각을 더욱 효과적으로 익힐 수 있다.

MENU 022	오버핸드 패스의 기초	인원수	2명
	손가락과 손목의 탄력을 이용한 패스	장소	제약 없음
		레벨	초급

> **목표** 오버핸드 패스는 손가락, 손목, 팔꿈치, 하반신의 탄력으로 볼을 컨트롤한다. 탄력은 인위적으로 만들지 말고, 볼의 힘을 활용해 자연스럽게 만들도록 한다.

① 날아오는 볼을 엄지손가락과 집게손가락으로 캐치한 다음 잡는 위치를 확인한다

다른 손가락은 사용하지 않으므로 안으로 접는다

☑ **CHECK!** 날아오는 볼을 이마보다 조금 위에서 엄지손가락과 집게손가락을 사용해 캐치한다.

② 세 손가락으로 볼을 받은 다음 캐치하지 말고, 그대로 볼을 위로 튕긴다

손가락을 크게 편다

팔꿈치는 움직이지 않는다

☑ **CHECK!** 손가락과 손목의 탄력으로 볼을 튕기는 감각을 느낀다. 다섯 손가락으로도 같은 동작을 반복한다.

③ ②의 손에 볼이 들어오는 순간, 손가락과 손목의 탄력으로 볼을 튕겨서 앞으로 날린다

☑ **CHECK!** 손가락과 손목에 집중하기보다 팔꿈치를 재빨리 펴면서 밀어내는 이미지로 동작을 취한다.

✕ NG

손에 들어온 볼의 힘을 흡수할 때 팔꿈치를 지나치게 구부리면 볼을 당겼다가 밀어내는 두 개의 힘이 작용하여 홀드 반칙이 될 수 있으니 주의하자. 볼이 날아오는 힘에 몸을 맡기고, 손과 손목의 자연스러운 탄력으로 볼을 튕겨야 한다.

MENU 023	오버핸드 패스의 기초	인원수	2명
	수건으로 팔꿈치 탄력 체크	준비물	수건
		레벨	초급

목표 접은 수건을 사용해 팔꿈치 탄력의 활용법을 익힌다. 수건을 밀어내듯이 팔꿈치의 탄력만으로 날아오는 볼을 튕겨낸다. 처음에는 볼을 멀리 보내거나 높이 보내려고 하지 않아도 된다.

① 수건을 잡고 이마 앞에서 준비 자세를 취한다

② 날아오는 볼을 수건으로 튕겨낸다

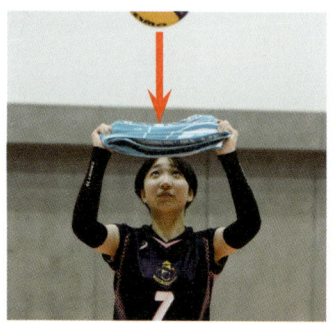

☑ **CHECK!**
수건으로 볼을 밀어낼 때 팔꿈치가 너무 아래로 내려가지 않도록 주의한다. 팔꿈치의 탄력으로 볼을 띄우는 감각을 느껴보자.

MENU 024	오버핸드 패스의 기초	인원수	2명
	달려 들어가서 캐치&패스	준비물	농구볼 등
		레벨	초급

목표 손목과 팔꿈치의 탄력 사용법을 익혔다면, 볼을 멀리 보내는 데 반드시 필요한 하체의 탄력 사용법을 익히자. 배구볼보다 무거운 농구볼을 이용하면 더욱 효과적이다.

① 동료가 던져서 한번 바운드된 볼의 바로 밑으로 들어간다

② 달려 들어가서 볼을 잡는다

③ 일어서는 힘을 활용해 볼을 띄운다

②의 동작을 조금 빨리해서 볼을 잡지 말고, 바로 띄우면 OK

오버핸드 패스

3가지 탄력을 모두 활용한 패스

인원수	1명
준비물	의자
레벨	초급

목표 지금까지 나눠서 연습한 손목(손가락), 팔꿈치, 하체의 탄력을 모두 활용해서 연습한다. 각각의 힘을 일직선으로 동시에 발휘하면 오버핸드 패스가 멀리 날아간다.

① 의자에 걸터앉아서 볼을 위로 던진다

② 떨어지는 볼을 대각선 위로 패스한다

✅ **CHECK!**

패스는 다리, 팔꿈치, 손목(손가락) 순서로 움직이고, 다리의 탄력을 온전히 볼에 전달하는 것이 중요하다. 의자 대신 짐볼에 앉아 몸을 조금씩 위아래로 움직이며 연습하면 탄력 사용법을 좀 더 익히기 쉽다.

오버핸드 패스

오버핸드 패스 자세로 볼 잡고 볼 팅기기

인원수	2명
준비물	볼 2개
레벨	초급

목표 오버핸드 패스로 볼을 팅기는 타이밍을 익힌다. 정확한 위치와 타이밍에 볼을 팅겨야 멀리 날아간다. 볼을 잡을 것처럼 동작하면 타이밍이 늦어져서 멀리 날아가지 않으니 주의하자.

① 오버핸드 패스 자세로 볼을 잡는다

② 동료가 던져주는 볼을 잡고 있던 볼로 팅겨서 돌려보낸다

✅ **CHECK!**

무릎을 가볍게 굽힌 자세에서 하체와 팔꿈치의 탄력을 사용해 볼을 팅겨낸다. 볼 아래에 온전히 힘을 전달하지 못하면 날아온 방향으로 볼이 돌아가지 않는다.

 **MENU 027**

`오버핸드 패스`

수직 패스

인원수	1명
장소	제약 없음
레벨	초급

목표 오버핸드 패스 자세로 자신의 머리 위로 볼을 올리는 수직 패스를 익힌다. 익숙해지면 전후좌우로 움직이면서 코트를 1바퀴 돌거나 네트를 넘기는 패스 등 다양하게 연습한다.

① 자신의 머리 위로 계속해서 볼을 올린다

② 패스하면서 여러 방향으로 움직인다

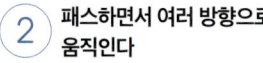 **조언**

처음에는 제자리에서 연습하고, 익숙해지면 앞으로, 뒤로, 옆으로 스텝을 밟으면서 실시해 보자. 주위 선수와 부딪히지 않도록 볼에서 순간적으로 눈을 떼고, 주변 시야를 의식하는 연습도 하자.

 MENU 028

`오버핸드 패스`

볼에서 시선 떼고 패스

인원수	2명
장소	제약 없음
레벨	초급

목표 볼에서 순간적으로 시선을 떼고 동료나 패스를 보내고 싶은 방향을 확인한 다음 패스하는 연습이다.

① 한 명이 동료에게 볼을 던지고 나서 손으로 사인을 보낸다

② 볼을 받는 사람은 볼과 사인을 확인한 다음 사인을 외치며 패스를 돌려보낸다

보!

사인을 외친다

☑ **CHECK!**

사인은 가위바위보로 표시한다. 익숙해지면 주먹은 오버핸드, 보자기는 언더핸드로 받기 등 규칙을 정한다. 볼을 받는 사람은 볼의 낙하지점으로 이동하면서 동료가 보내는 사인을 확인한 다음 사인을 외치며 패스한다.

MENU 029	오버핸드 패스

볼 2개로 패스

인원수 2명
준비물 볼 2개
레벨 중급

🎯 **목표** 두 사람이 볼 2개를 사용해 패스하는 연습이다. 한 명은 오버핸드 패스를 하고, 다른 한 명은 동시에 원 바운드 패스를 한다. 교대로 반복하면서 볼에서 시선을 떼고 정확히 패스할 수 있도록 연습한다.

 한 명은 오버핸드 패스, 동시에 다른 한 명은 원 바운드 패스를 한다

☑ **CHECK!**
둘이 교대로 반복한다. 볼에서 눈을 떼는 데 그치지 않고, 동료에게 패스하는 타이밍을 재면서 호흡 맞추기에 집중한다. 익숙해지면 언더핸드 패스로도 연습해 보자. 또 바운드시키는 볼을 테니스볼 등으로 바꾸거나 바운드 패스 대신 발로 패스하는 방법으로 연습을 구성하면 연습 난도가 올라간다.

MENU 030	오버핸드 패스

고속 오버핸드 패스

인원수 2명
거리 50cm~1m
레벨 초급

🎯 **목표** 동료의 움직임에 타이밍을 맞춰 오버핸드 패스를 주고받는 연습이다. 많은 횟수를 목표로 삼고, 볼 터치를 짧게 하여 볼핸들링 감각도 익히자.

 둘이 마주 보고 빠르게 패스한다

② 점프하면서 빠르게 패스하는 패턴도 연습한다

점프와 동시에 패스한다

☑ **CHECK!**
패스 속도는 ①은 10초에 40번, ②는 10초에 25번 이어가는 것이 목표다. 볼 터치 시간을 최소화하여 손에 들어온 볼을 곧바로 튕기듯이 패스한다.

MENU 031 — 기본 자세
언더핸드 패스

① 발을 어깨너비만큼 벌리고 자세를 낮춘 다음 한 발을 앞으로 내디뎌 자세를 잡는다

② 최대한 빠르게 볼 낙하지점으로 이동해서 벌어진 두 다리 사이에서 볼을 잡도록 한다

조언

최대한 빠르게 볼 낙하지점으로 이동해서 센터 쪽으로 팔의 면을 향하게 한 후에 볼을 터치하는 것이 중요하다. 이때 아래팔(전완)뿐만 아니라 두 어깨와 선을 잇는 삼각형 전체가 볼을 보내려는 방향으로 향하게 한다. 몸을 쭉 펴고 볼을 터치하는 것이 아니라 떨어지는 볼을 기다렸다가 발로 운반한다는 느낌으로 볼을 보낸다.

☑ CHECK!

 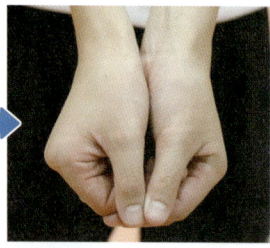

손을 포개는 방법은 두 손의 집게손가락부터 새끼손가락을 편 상태로 겹친 다음 엄지손가락을 가지런히 맞대는 것이 일반적이지만, 사실 포개는 방법이 딱히 정해져 있는 것은 아니다.

| 목표 | 두 손을 포개서 아래팔(전완, 팔꿈치부터 손목까지의 부분)로 볼을 보내는 패스를 언더핸드 패스라고 한다. 주로 동료에게 패스하거나 공격수에게 토스(세팅)하는 데 사용한다. 다음에 볼을 터치할 동료가 편하게 플레이할 수 있도록 빠르게 낙하지점으로 들어가서 침착하게 여유를 갖고 패스를 할 수 있도록 하자. 최근에는 서브나 스파이크 속도가 빨라지고 있으므로, 몸과 팔의 자세를 빠르게 준비하여 정확하게 패스할 수 있도록 연습한다. |

③ 팔을 쭉 펴고 아래팔 한가운데에 볼을 맞춘다

④ 무릎을 부드럽게 사용하며 볼을 앞으로 보낸다

☑ CHECK!

팔로 면을 만들어 볼 낙하지점에서 기다리고, 볼을 보내고 싶은 방향을 정확히 바라보도록 한다.

☑ CHECK!

자기 몸의 왼쪽·오른쪽으로 날아오는 볼을 패스할 때도 면의 각도를 조정해서 컨트롤한다.

✕ NG

몸으로부터 너무 멀리 떨어진 위치에서 볼을 받지 않도록 주의하자. 또한, 무릎을 쭉 펴고 몸의 중심이 뒤에 있는 자세 역시 볼 컨트롤이 어려우므로 피해야 한다.

MENU 032 (언더핸드 패스)
대각선 앞으로 이동하며 패스

인원수	2명
준비물	꼬깔
레벨	초급

목표 볼이 늘 몸 정면으로 날아오는 것은 아니다. 패스의 기본 자세를 만든 후에 스텝을 밟아 좌우로 오는 볼을 언더핸드 패스로 보낸다.

① 몸의 중심을 낮추고 준비 자세를 취한다

② 왼쪽·오른쪽으로 한 발씩 내디디며 언더핸드 패스로 돌려준다

꼬깔을 몸의 대각선 방향에 놓는다

꼬깔이 있는 곳까지 발을 내디딘다

MENU 033 (패스 워크)
앞뒤로 이동하며 패스

인원수	4명 이상
준비물	볼, 꼬깔
레벨	초급

목표 앞뒤로 이동한 다음 오버핸드 패스나 언더핸드 패스를 한다. 네트 쪽에 서 있는 3~5명은 연속으로 볼을 던진다. 연습하는 사람은 패스하고, 뒤쪽에 있는 콘을 돌고 온 다음 다시 패스한다.

① 어택 라인까지 이동해서 패스한 다음 뒤쪽에 있는 꼬깔을 돌아서 다음 선수 근처로 간다

② 다음 선수의 근처까지 이동해서 패스한 다음 다시 뒤쪽에 있는 꼬깔을 돌아 다음 선수 근처로 간다. 이 과정을 반복한다

☑ **CHECK!**
꼬깔은 네트에서 6m 정도 떨어진 위치에 3~5개를 놓는다. 연습하는 사람은 여러 명이 차례로 던져주는 볼을 패스한다. 반대 방향으로 움직이거나 좀 더 앞쪽이나 뒤쪽으로 꼬깔의 위치를 바꾸면, 다양한 스텝을 익힐 수 있다.

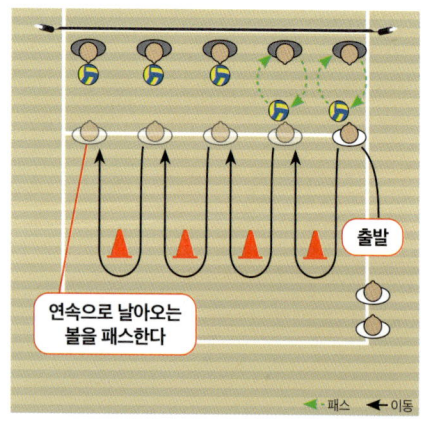

연속으로 날아오는 볼을 패스한다

출발

◀ 패스   ← 이동

패스 워크

4곳으로 이동하며 패스

인원수	3명 이상
장소	하프 코트
레벨	중급

목표 전후좌우에서 날아오는 볼에 대응하는 연습이다. 최대한 빠르게 볼의 낙하지점으로 이동하여 정확하게 세터에게 볼을 올린다. 최단 거리, 최고 속도로 이동하는 스텝도 동시에 익힌다.

번호 순으로 움직이면서 볼 4개를 연속으로 세터에게 패스한다

이곳저곳에서 날아오는 볼을, 스텝을 활용해 낙하지점으로 이동한 다음 세터에게 패스를 보낸다. 던지는 순서나 장소는 자유롭게 구성하면 된다. 오버핸드와 언더핸드 패스 2가지 모두 연습한다.

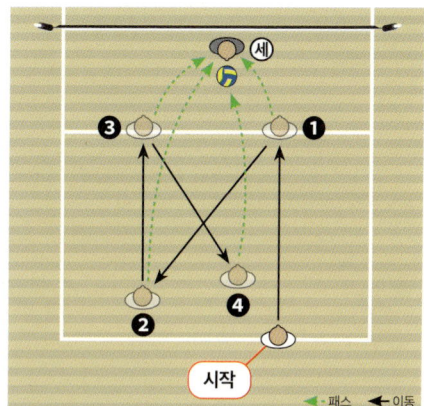

조언 응용 연습으로 8곳으로 이동하는 방법도 있다. 이 경우에는 ④에서 패스한 다음 반대로 ③②① 시작 순으로 이동하며 세터에게 패스한다. 세터에게 패스하지 않고 공격수가 있다고 생각하고 2단 토스(26p)를 올리는 방법도 있다.

패스 워크

2명이 마주 보고 패스

인원수	2명
장소	제약 없음
레벨	초급~상급

목표 다양한 연습의 기본이 되는 메뉴다. 동료에게 정확하게 볼 보내기, 볼에서 눈 떼기, 낙하지점으로 재빠르게 이동하기, 다양한 높이로 볼 컨트롤하기 등 목표를 다양하게 설정해서 연습한다.

2명이 마주 보고 패스를 주고받는다

✓ CHECK!
패스는 받기 쉬운 볼만 보내지 말고, 아슬아슬하게 받을 수 있거나 동료의 수준을 높일 수 있는 볼(실제로 시합에서 날아오는 볼을 염두에 둔다)을 보내는 등 각자의 목표를 생각하며 연습한다.

MENU 036 (패스 워크)

2명이 마주 보고 한 손 패스

인원수	2명
거리	3~6m
레벨	중급~상급

목표 보통 두 손으로 다루는 볼을 한 손으로 다루면서 2명이 패스를 주고받는다. 실제로 시합에서는 한 손으로 볼을 처리해야 할 때도 있으므로 왼손·오른손 각각 한 손으로 볼을 컨트롤할 수 있도록 연습한다.

2명이 마주 보고 한 손만 사용해서 패스를 주고받는다

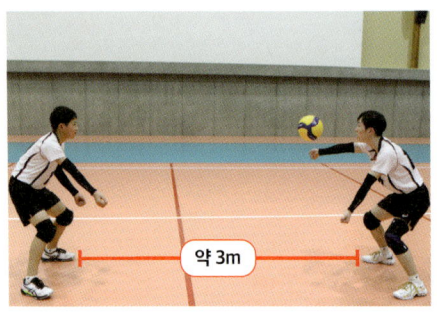

약 3m

조언

볼을 보내려는 방향으로 팔의 면을 향하는 것은 두 손 패스 할 때와 동일하다. 다이렉트로 보내는 연습에 더해 한 손으로 리시브한 다음 스파이크하기, 한 손으로 리시브한 다음 토스하고 스파이크하기 등 연속으로 터치하면서 볼 하나하나의 질을 더욱 높여 보자.

MENU 037 (언더핸드 패스)

고속 언더핸드 패스

인원수	2명
장소	네트 부근
레벨	초급~중급

목표 네트 아래에서 두 사람이 짧은 거리의 언더핸드 패스를 주고받는다. 팔의 면 방향과 체중 이동을 활용한 볼 컨트롤 감각을 익힌다. 신속하게 판단하고 반응하는 것이 포인트다.

10초 동안 20번 이상 언더핸드 패스를 이어간다

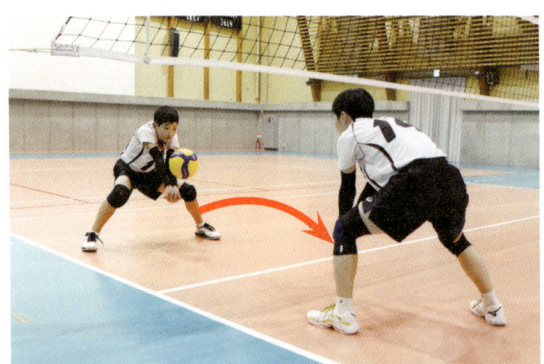

☑ CHECK!

중심을 낮게 유지하면서 팔을 흔들지 말고, 볼을 앞으로 보내는 데 집중한다. 동료가 발을 움직이지 않고 반응할 수 있는 범위로 받기 쉽게 패스를 보내자. 익숙해지면 5~6m 정도 거리로 떨어져서 좀 더 강하게 패스를 주고받는다 (55p).

| MENU 038 | 언더핸드 패스 | **가슴 쪽으로 날아오는 언더핸드 패스** | 인원수 2명 / 거리 5~6m / 레벨 중급 |

목표 두 사람이 5~6m 정도 떨어져서 마주 보고, 언더핸드 패스를 주고받는다. 서브처럼 가슴 쪽으로 오거나 날카롭게 꽂히는 볼에 반응하고 대응하는 능력도 기를 수 있다.

5~6m 정도 거리에서 동료의 가슴 쪽으로 강하게 볼을 보낸다

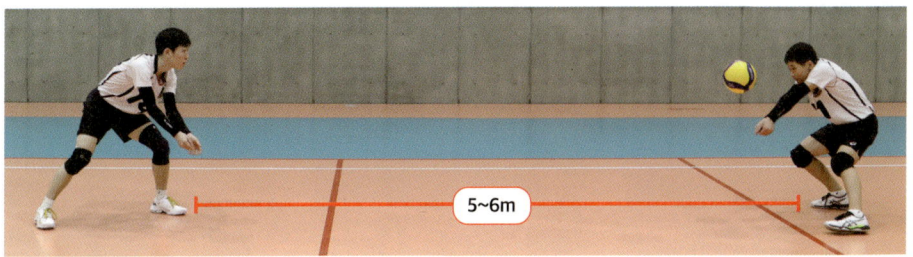

☑ **CHECK!** 받는 사람은 동료의 움직임을 예측해서 신속하게 볼을 컨트롤하기 쉬운 자세와 팔 면을 만든다. 최대한 강한 볼을 받아내기 위한 몸놀림과 발놀림을 중심으로 연습한다. 서브 리시브 연습도 된다.

COLUMN

'몸놀림'이란 뭘까?

몸놀림(바디 포지셔닝)이란 원래 유도·검도에서 상대를 제압하기 위해 몸을 이동하거나 자세를 바꾸는 것을 나타내는 말이다.

배구에서도 시간적 여유가 있으면 볼 낙하지점으로 이동해서 안정적인 자세를 만든 다음 볼을 터치하면 되지만, 가슴 쪽으로 빠르게 날아오는 볼은 궤도가 애매하여 순간적으로 안정적인 자세를 만들기 어려울 수가 있다. 이러한 사태를 피하기 위해서는 가슴 쪽으로 볼이 오는 것을 읽은 순간 어떤 리시브(오버핸드, 언더핸드)를 할지, 스텝(발놀림)을 활용하여 어디로 이동할지 등을 순간적으로 판단해야 한다. 그다음에는 두 발 중 한 발을 뒤로 쭉 내디디면서 볼을 터치한다.

이때 팔의 면과 볼, 볼을 보낼 곳을 시야에 넣으면서 몸을 움직이면 자세를 안정적으로 잡기가 편하다.

(패스 워크)

3인 1조 직선 패스

인원수	3명
거리	9m
레벨	초급

목표 3명이 4.5m씩 거리를 두고 일직선으로 서서 오버핸드 패스와 언더핸드 패스의 거리감을 컨트롤하며 패스한다. 뒤쪽 선수에게 백 패스하면서 백 패스 감각도 익힌다.

① 가장자리에 있는 선수가 가운데 있는 선수에게 4.5m 패스를 한다

② 가운데 선수는 4.5m 백 패스를 한다

③ 처음 선수에게 9m 패스로 볼을 보낸다

(패스 워크)

4방향 패스

인원수	5명
장소	하프 코트 정도의 넓이
레벨	초급

목표 4명이 정사각형을 만들고 가운데에 1명이 들어가서 다양한 방향에서 날아오는 볼을 '오른쪽', '왼쪽', '뒤쪽' 등 지시받은 방향으로 오버핸드 패스나 언더핸드 패스를 한다.

① 바깥에서 패스한 선수는 큰 소리로 오른쪽, 왼쪽, 뒤쪽 등 방향을 지시한다

② 가운데에 있는 선수는 지시받은 방향으로 패스한다

③ 볼을 받은 선수는 가운데에 있는 선수에게 패스하고, 큰 소리로 방향을 지시한다

☑ **CHECK!**
처음에는 볼을 보내는 쪽으로 몸 방향을 바꾸면서 연습한다. 익숙해지면 등 뒤로 보내는 백 패스, 사이드 패스 등 다양한 방법으로 패스 연습을 한다.

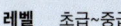

MENU 041 [패스 워크]
2 대 2 3단 공격 랠리

인원수	4명
장소	프런트 코트 부근
레벨	초급~중급

목표 2명이 패스를 주고받으면서 상대 코트의 페어와 랠리를 이어간다. 어디로 볼을 보내야 동료가 받기 쉬운지, 상대 팀이 받기 어려운지를 생각하며 실전에 가까운 형태로 연습한다.

2 대 2로 코트에 들어가 오른쪽 그림처럼 움직이면서 되도록 오랫동안 랠리를 이어간다

3번 안에 상대 코트로 볼을 넘긴다. 코트가 좁을수록 랠리를 이어가기 쉬우므로, 코트를 절반만 사용하거나 프런트 코트에서만 훈련하는 등 수준에 맞게 조절한다.

조언 익숙해지면 세 번째 터치를 페이크로 공격하거나 첫 번째는 언더핸드로만 리시브하는 등 조건을 다양하게 설정하자. 그러면 랠리 능력을 더욱 향상시킬 수 있다.

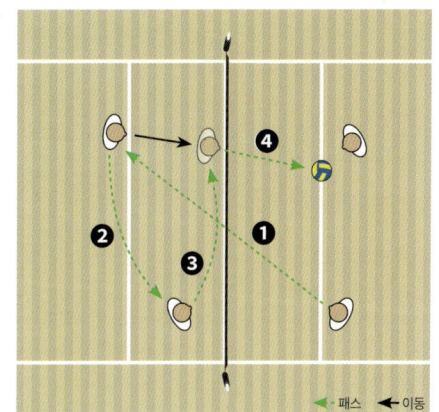

MENU 042 [패스 워크]
3인 1조 이동 패스

인원수	3명
장소	코트 전체
레벨	초급~상급

목표 3명이 이동하면서 패스를 주고받는다. 동료에게 정확한 패스만 보내는 것이 아니라 동료가 이동할 곳으로 볼을 보내는 감각도 익힌다.

3명을 2명과 1명으로 나누어 패스를 주고받는다

2명인 쪽에서 먼저 패스를 보낸다. 패스를 보낸 선수는 볼을 쫓아가듯이 동료 선수가 있는 쪽(반대쪽)으로 달린다. 반대쪽 선수도 패스한 다음 마찬가지로 볼을 쫓듯이 반대쪽으로 이동한다. 이렇게 패스 주고받기를 반복한다.

✓ CHECK!
익숙해지면 엔드 라인 위쪽에서 시작해 그대로 옆으로 이동하며 패스해 보자. 타이밍 좋게 네트를 넘어 볼을 떨어뜨리지 않고 반대쪽 엔드 라인까지 18m 이동한다. 패스뿐만 아니라 스파이크한 후에 리시브 등을 하면서 이동하는 연습도 좋다.

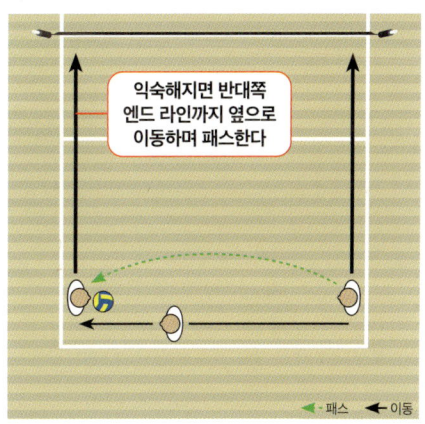

(패스 워크)

볼 2개로 대각선 패스

인원수	6명 이상
준비물	볼 2개
레벨	중급

목표 네 그룹으로 나누어 대각선으로 마주한 그룹과 패스를 주고받는다. 다른 선수와 부딪히지 않도록 주의하고, 주변 시야를 활용해 넓게 보며 플레이할 수 있도록 한다.

 대각선으로 마주한 그룹과 계속 패스를 주고받는다

② 패스한 선수는 마주 보고 있는 상대 그룹의 맨 뒤로 이동한다

✓ CHECK!
오버핸드로 패스하든, 언더핸드로 패스하든 상관없다. 상대 그룹으로 이동할 때 다른 선수와 부딪히지 않도록 주의하자. 패스의 정확도는 물론, 주변 상황을 파악하는 능력도 기를 수 있는 연습이다.

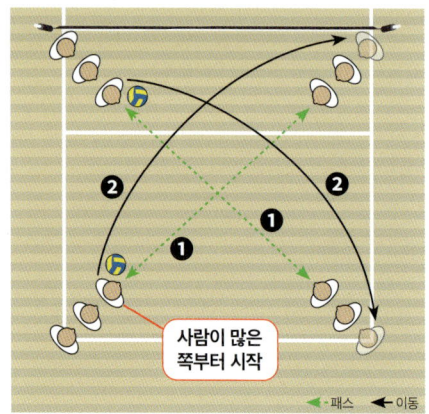

사람이 많은 쪽부터 시작

◀─ 패스   ◀─ 이동

(패스 워크)

3인 1조 볼 2개로 패스

인원수	3명
거리	3~9m
레벨	중급~상급

목표 3명을 2명과 1명으로 나누어 1명의 선수가 2명의 선수와 각각 패스를 주고받는다. 되도록 같은 높이와 파워로 패스를 보내야 타이밍이 어긋나지 않고 볼 2개로 패스를 이어갈 수 있다.

2명과 1명이 3~9m 거리로 떨어져서 볼 2로 패스를 주고받는다

3~9m

✓ CHECK!
두 볼의 패스를 잘 컨트롤하는 것이 포인트다. 주변 시야를 활용해 다른 볼의 상황을 파악해 놓으면 패스를 조정하기 쉬워진다. 하체의 탄력을 사용해 얼마나 정교하게 패스하는지가 중요하다. 팀 내에서 패스의 높이를 통일하는 데도 효과적이다. 이 메뉴의 응용 연습은 메뉴 042를 볼 2개로 하는 연습이다. 이 경우 처음 이동하는 선수를 빼고, 2번 연속으로 같은 선수에게 패스한 다음 반대쪽으로 이동한다.

패스 워크

벽 맞고 튕겨 나오는 볼 패스하기

인원수	1명
장소	벽이 있는 곳
레벨	초급

목표 오버핸드 패스나 언더핸드 패스로 계속 벽을 맞춘다. 높이나 거리를 바꿔서 볼을 다양하게 보내고 컨트롤한다.

1 벽에서 튕겨 나온 볼을 패스한다

2 오버핸드 패스도 연습한다

조언

익숙해지면 벽에 표시를 한 다음 그곳을 계속 겨냥해서 패스한다. 또는 왼쪽, 오른쪽, 앞, 뒤로 패스를 하거나 오버핸드와 언더핸드 패스를 교대로 연습하는 등 조금씩 난도를 높여서 실시한다.

패스 워크(토스)

세팅한 다음 블로킹 커버

인원수	1명
장소	코트 전체
레벨	초급

목표 다양한 볼을 공격수가 때릴 수 있도록 토스하는 연습이다. 스스로 다양한 상황을 만들어 낸 다음 공격 선택지가 많아지도록 토스한다. 그다음 블로킹 커버에 들어가는 것까지 연습한다.

스스로 코트 안에서 다양한 상황을 만들고 원하는 위치로 세팅한다

자신이 좋아하는 볼을 던져 올린다든가, 바운드 볼, 낮은 볼 등을 보낸 다음 그 볼을 세팅한다. 볼의 낙하지점으로 신속하게 이동한 다음 공격수가 있다고 생각하고, 볼을 때리기 쉬운 위치로 토스(세팅)를 올리는 것이 포인트다. 가능하면 세팅하기 전에 볼에서 눈을 떼고 토스할 곳을 확인한 다음 볼을 올린다. 토스를 올린 다음에는 곧바로 블로킹 커버 위치로 이동한다. 레프트, 센터, 라이트 어느 위치로든 토스를 정확하게 보낼 수 있도록 연습하자.

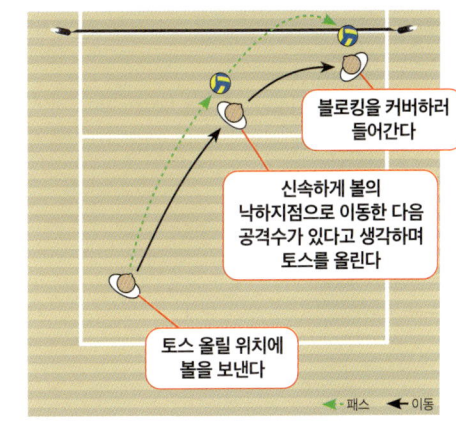

MENU 047

패스 워크(토스)

어려운 볼을 받아서 세팅

인원수	3명
장소	하프 코트
레벨	중급

> **목표** 어려운 볼을 받아서 세팅하는 연습이다. 포지션 별로 다양한 상황을 준비해서 연습한다.

1. 스파이크를 리시버가 디그※하면 다른 1명이 토스한다

여러 방향에서 다양한 구종으로 날아오는 볼 또는 팀 동료가 디그한 볼을 세팅한다. 코치가 직접 네트를 향해 볼을 던져서 튕겨 나오는 볼을 세팅하거나 코트 밖에서 던진 볼을 세팅하는 방식도 효과적이다. 디그하는 선수와 토스하는 선수를 바꿔서 모두가 연습하도록 한다.

2. 토스를 올리는 선수는 토스 후 블로킹 커버 위치로 이동한다

리시버도 함께 블로킹 커버 위치로 이동하는 방식도 연습한다.

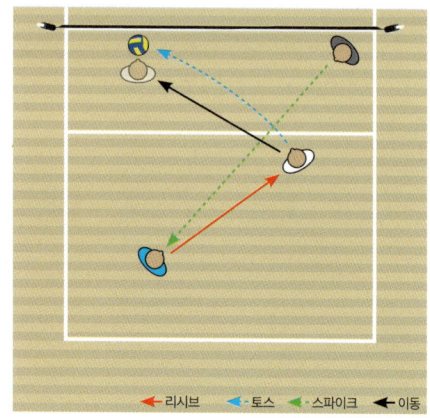

← 리시브   ← 토스   ← 스파이크   ← 이동

※ 스파이크처럼 서브를 제외한 공격을 걷어 올리는 것(26p, 80p)

COLUMN
연습할 때부터 블로킹 커버의 중요성을 인지하자

블로킹 커버(블로킹 팔로잉이라고도 한다)란 팀 동료의 스파이크가 상대 팀의 블로킹에 걸릴 것을 예상하여 커버하는 플레이를 말한다.

공격수가 스파이크를 때리면 당연히 상대에게 블로킹될 수도 있다. 그럴 때 블로킹 커버가 확실하게 받쳐주면 공격수는 망설임 없이 강하게 스파이크를 때릴 수 있고, 공격의 폭도 다양해진다.

스파이크는 블로킹되면 반사각으로 튕겨 나오는 경우가 많으므로 코스를 예측해서 블로킹 커버에 들어가면 볼을 걷어 올릴 확률이 높아진다. 스파이크를 때리면 끝이라고 생각하지 말고, 일련의 동작 중 하나로 반드시 블로킹 커버에 들어가자. 메뉴 046과 047은 블로킹 커버 플레이를 몸에 새겨넣기 위한 연습이다.

블로킹 커버는 같은 팀 동료의 스파이크가 상대 블로킹에 걸려서 떨어져도 다음 공격으로 연결할 수 있는 중요한 플레이라는 점을 명심하자.

MENU 048 （패스 워크）

연속 수직 패스

인원수	2명
거리	4~6m
레벨	중급

목표 2명이 거리를 두고 서서 수직 패스를 주고받는다. 한 명이 둘 사이 공간으로 들어가 언더핸드 패스를 수직으로 보낸 다음 원래 자리로 돌아간다. 그다음 다른 한 명이 똑같이 움직여 수직 패스를 이어간다. 볼을 정확하게 컨트롤하는 힘이 필요하다.

2명이 4~6m 정도 떨어져서 자리를 잡고, 번갈아 가운데로 이동하여 수직으로 언더핸드 패스를 보내며 랠리를 이어간다. 패스하면 재빨리 원래 위치로 돌아간다

앞으로 이동해서 수직으로 패스를 올린다

수직으로 패스를 올리면 뒤로 물러나서 원래 위치로 이동한다

☑ CHECK!

앞으로 나아가서 수직으로 언더핸드 패스를 올린 다음 뒤로 물러나 원래 위치로 돌아간다. 그다음 동료가 앞으로 나와서 떨어지는 볼을 다시 수직으로 올린다. 언더핸드 패스가 능숙해지면 다음에는 오버핸드 패스도 연습한다. 정면이 아니라 옆을 보고 나란히 선 상태에서 사이드 스텝으로 이동하며 수직으로 패스를 보내는 방식도 연습해 보자.

MENU 049 （패스 워크(토스)）

네트 옆에서 수직 패스

인원수	3명 이상
장소	네트 옆
레벨	중급

목표 사람이 있는 곳으로 정확하게 패스하는 것도 중요하지만, 사람이 들어갈 공간으로 정확하게 패스하는 것도 중요하다. 빠르게 볼 낙하지점으로 들어가 패스를 정확히 보낼 수 있도록 한다.

수직(머리 위)으로 패스하면 다음 선수가 그 자리에 들어가서 패스하는 과정을 반복한다

☑ CHECK!

네트에서 3m 정도 떨어진 위치에서 시작한다. 재빨리 볼의 낙하지점으로 들어가서 수직 패스를 한 후에 신속하게 그 자리에서 벗어난다. 세터에게 필요한 연습 메뉴 중 하나지만, 실전에서는 세터에게 패스를 보낼 수 없는 상황이 발생할 수 있으므로 전원이 토스에서 공격으로 연결할 수 있도록 연습하자.

MENU 050 · 패스 워크(토스)
러닝 점프 세팅

인원수	2명 이상
장소	하프 코트
레벨	초급~중급

목표 후위에서 달려와 네트 부근으로 올라온 볼을 점프하면서 세팅한다. 세터에게 필요한 연습 중 하나지만, 세터 뿐만 아니라 팀원 모두 연습해서 세팅 실력을 높이자.

1 네트 근처로 볼이 올라가면 후위에서 달려와 낙하지점으로 들어간다

2 점프하면서 세팅한다

후위에서 달려와 볼 낙하지점으로 들어간다

후위에서 달려와 세팅하는 상황을 떠올리기 쉽게 의자를 돌아서 세팅하기와 같은 흐름으로 실시한다

☑ **CHECK!**
뛰어들지 말고 확실하게 볼 낙하지점으로 들어가서 수직으로 점프한 다음 왼쪽, 오른쪽, 뒤쪽 등 다양한 곳으로 세팅한다. 세팅하고 싶은 곳에 목표물(또는 선수)을 놓고, 그것을 겨냥해서 연습하면 쉽게 할 수 있다.

MENU 051 · 패스 워크(토스)
B, C 패스 연속 세팅

인원수	2명 이상
장소	하프 코트
레벨	상급

목표 세터에게 항상 좋은 패스만 오는 것은 아니다. 따라서 다양한 상황에서 목표 지점으로 정확하게 세팅할 수 있도록 연습한다. 기본 연습에 익숙해지면 러닝 점프 세팅도 실시한다.

세터의 정위치에서 1~2m 이내로 날아오는 패스(B 패스), 퍼스트 템포를 활용할 수 없는(공격의 선택 폭이 좁다) 패스(C 패스)를 받아 ❶~❹ 지점으로 토스를 올린다

☑ **CHECK!**
오른쪽 그림의 ❶~❹는 한 예에 불과하다. 목표 지점을 다양하게 설정하여 여러 곳으로 토스 올리는 연습을 해 보자. 실전에서는 세터의 정위치(모든 공격을 할 수 있는 세터의 정위치로 들어온 패스, A 패스라고도 한다)가 아니기 때문에 유효한 공격도 있다. 그러므로 다양한 위치에서 공격할 수 있는 수단을 익혀두는 것이 중요하다.

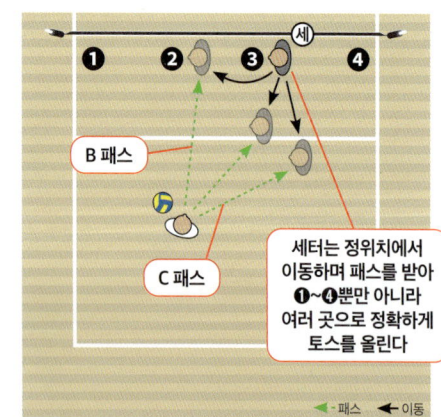

제3장
서브

서브는 배구에서 유일하게 아무런 방해가 없는 공격이자 혼자서 플레이하는 기술이다.
서비스 에이스나 상대 수비를 무너뜨릴 수 있도록 목표로 한 코스나 장소,
타점과 궤도, 속도, 변화를 고려하며 연습해 보자.

| MENU 052 | 서브의 기초

서브의 포인트

① 안정적으로 늘 똑같은 플레이를 할 수 있도록 정확한 폼을 익힌다

② 토스를 안정적으로 올리고 히팅 포인트를 확인한다

조언

서브의 종류는 타점의 높이에 따라 오버핸드 서브, 사이드핸드 서브, 언더핸드 서브로 나뉘고 볼 회전 여부에 따라 회전이 걸린 드라이브 서브(스핀 서브), 회전하지 않는 플로터 서브로 구분한다. 일반적인 서브를 먼저 연습하고, 몸의 방향과 다른 방향으로 때리는 페이크 서브, 점프하면서 강력하고 높이 때리는 서브도 연습해 보자.

✓ CHECK!

상대 수비를 무너뜨린 다음 아군의 블로킹, 디그와 연계하여 어떻게 수비에서 공격으로 전환할지 생각하며 서브를 때린다.

✓ CHECK!

좋은 서브의 요소는 코스, 변화, 속도 등이 있다. 중심 이동과 스윙, 상체를 뒤로 비틀면서 생긴 에너지가 볼을 날리는 힘이 되므로 연습할 때 여러 시도를 해 보자.

엔드 라인보다 뒤쪽에서 상대 코트로 때려 넣는 서브는 배구에서 유일하게 자신만의 타이밍으로 시작할 수 있는 플레이다. 서브는 때리는 방법에 따라 종류가 다양한데, 볼이 어느 방향(코스)으로 날아가는지, 어떻게 변하는지, 얼마만큼 빠른지가 좋은 서브의 요소가 된다. 볼을 날리는 힘은 체중 이동과 팔을 휘두르는 스윙, 상체를 뒤로 비트는 자세에서 생겨난다.

③ 목표로 한 코스로 때릴 수 있도록 컨트롤 능력을 갈고닦는다

④ 실제로 리시버가 있는 상태에서 서브를 효과적으로 넣을 수 있도록 연습한다

☑ CHECK!

서브를 안정적으로 넣기 위해서는 반드시 토스를 안정적으로 올려야 한다. 늘 같은 위치로 올리도록 하자.

조언

서브는 실패하면 상대 팀 득점이 되기 때문에 실패하지 않는 것을 우선하게 되는 경향이 있다. 하지만 단순히 넘기기만 하면 상대가 쉽게 리시브해서 자유롭게 공격을 할 수 있게 된다. 초급 수준의 서브를 넣을 수 있게 되면, 조금 리스크를 감수하더라도 공격적인 서브를 넣어 상대 수비를 흔들거나 득점(서비스 에이스)하는 것을 목표로 하자.

기술 해설(서브)

사이드핸드 서브

목표 팔을 쭉 펴고 몸 옆에서 볼을 때리는 사이드핸드 서브는 어깨나 팔꿈치에 부담이 적고 초보자도 쉽게 익힐 수 있다. 허리를 돌리거나 체중 이동, 팔 휘두르기를 활용해서 비거리를 늘리도록 한다.

1 목표 코스를 정하고 때릴 방향이 몸 옆으로 오도록 선다

☑ **CHECK!** 허리 높이에서 왼손(왼손잡이는 오른손)으로 볼을 잡고 오른손은 가볍게 주먹을 쥔다.

2 수직으로 토스를 올린 다음 볼을 보내고 싶은 방향으로 왼발을 내디딘다

> 때리고 싶은 방향으로 발끝이 향하도록 발을 내디딘다

☑ **CHECK!** 오른손을 뒤로 당겼다가 볼 타이밍에 맞춰서 앞으로 휘두른다.

3 허리를 틀고 앞으로 체중을 이동하는 데 집중하면서 볼을 때린다

☑ **CHECK!** 상체를 앞으로 회전하는 순간 어깨보다 조금 앞에 볼이 오도록 한다.

4 팔을 크게 휘두르고, 체중은 앞발에 실은 상태로 동작을 마무리한다

☑ **CHECK!** 볼을 때린 후에는 바로 자기 포지션으로 들어간다.

MENU 054 기술 해설(서브)

오버핸드 서브

목표 사이드핸드 서브보다 높은 위치에서 때리는 서브를 말한다. 서브의 속도나 정확도, 날아가는 코스 등을 유념하면서 연습한다.

1 목표 방향을 향해 왼손(왼손잡이는 오른손)으로 볼을 잡고 준비한다

CHECK! 볼을 보내고 싶은 코스나 목표를 정한다.

2 수직으로 토스를 올린 다음 오른쪽 팔꿈치를 높이 유지한 채 팔을 휘두른다

중심 이동

CHECK! 왼발을 한 발 앞으로 내디디고 뒤쪽 다리에서 앞쪽 다리로 체중을 이동한다.

3 볼을 잘 살피며 어깨에서 대각선 앞쪽에 오도록 한다

손바닥의 아래쪽 부분(수근부) 또는 손가락 아랫부분으로 볼을 때린다

CHECK! 팔꿈치를 가볍게 굽힌 채로 손목은 움직이지 않고 볼의 중심을 때린다.

4 때린 후에는 팔을 쭉 편 상태로 내린다

볼을 밀면서 보내는 이미지로 때린다. 상대에게 손바닥을 향한 상태로 멈추면 불규칙하게 변화하는 플로터 서브가 된다

CHECK! 체중은 앞쪽 발에 싣는다. 볼을 때린 후에는 바로 자기 포지션으로 들어간다.

점프 플로터 서브

기술 해설(서브)

목표 점프 플로터 서브는 점프하면서 오버핸드로 볼을 때리는 플로터 서브를 가리킨다. 높은 위치에서 체중을 실어 때릴 수 있는 장점이 있으므로 반드시 익히자.

1 도움닫기에 필요한 거리만큼 엔드 라인에서 떨어져 도움닫기를 한다

토스를 올린 다음 도움닫기를 해도 된다

☑ **CHECK!** 볼을 올릴 때는 두 손이나 한 손 모두 상관없다. 때리기 쉬운 토스를 올린다.

2 자신이 원하는 타점에 볼이 오도록 토스를 가볍게 올린다

☑ **CHECK!** 토스를 너무 높이 올리면 타이밍 맞추기가 어려우므로 주의하자.

3 균형이 무너지지 않도록 점프해서 스윙 자세를 취한다

☑ **CHECK!** 타점이 높을수록 네트에 닿을락 말락 한 직선 궤도로 상대 코트를 노릴 수 있다.

4 손목을 젖히지 않고, 손바닥으로 볼을 밀어내듯이 때린다

☑ **CHECK!** 손바닥으로 밀어내듯이 때리면 볼이 회전하지 않고 불규칙하게 변한다.

MENU 056 기술 해설(서브)
점프 드라이브(스핀) 서브

목표 서브 중 가장 빠르고 강한 서브다. 상대 팀 선수들 사이나 사이드 라인 쪽을 노리면 상대를 무너뜨리기 쉽다. 볼 회전을 활용하면 정면에서 사라지는 착각이 드는 서브를 넣을 수도 있다.

① 도움닫기 거리를 충분히 확보하고 조금 앞쪽으로 토스를 올린다

볼을 올릴 때는 두 손이나 한 손 모두 OK

☑ **CHECK!** 엔드 라인 위치는 미리 파악해 놓자.

② 볼 타이밍에 맞춰 확실하게 발을 구르며 점프한다

☑ **CHECK!** 엔드 라인을 밟거나 넘어가지 않도록 주의하자.

③ 스파이크를 때리듯이 공중에서 상체를 튼다

테이크백(팔을 뒤로 당기는 동작) 동작을 크게 취한다

☑ **CHECK!** 높은 위치에서 볼을 때릴 수 있도록 스윙한다.

④ 어깨보다 조금 앞쪽에 볼이 오도록 하고, 팔을 크게 휘두르며 착지한다

힘을 실어서 강하게 때린 후에 코트 안쪽으로 착지한다

☑ **CHECK!** 스파이크를 때리듯이 손목을 사용해 강하게 때려 넣는다.

MENU 057 · 기술 해설(서브)

하이브리드 서브

목표 지금까지 소개한 서브를 습득했다면 다음 단계로 넘어간다. 점프 플로터 서브를 때리는 척하며 점프 드라이브 서브를 때리는(반대 패턴도 있다) 등 상대가 무슨 서브인지 예상하지 못하게 하여 리시브를 흔든다.

① 상대가 무슨 서브인지 최대한 예상하지 못하게 한다

② 때리기 직전에 드라이브인지 플로터인지 선택한다

플로터 서브로 하자!

☑ **CHECK!**
서브할 때는 볼을 때리는 순간까지 어떤 서브를 보낼지 상대 선수가 알아채지 못하게 한다. 짧은 서브(어택 라인보다 앞쪽에 떨어지는 서브)를 노릴 때도 마찬가지다.

MENU 058 · 서브의 기초

사이드 스텝을 밟은 후 볼 던지기

인원수	1명
장소	제약 없음
레벨	초급

목표 사이드핸드 서브의 스텝과 몸 움직임을 이해하고, 볼에 힘을 싣는 동작을 만드는 연습이다. 오른손(왼손잡이는 왼손)으로 볼을 잡고, 사이드 스텝을 밟으면서 두 번째 걸음을 내디딜 때 볼을 멀리 던진다.

① 볼을 들고 네트를 향해 옆으로 선다

② 네트 쪽으로 사이드 스텝으로 다가간다

③ 고관절의 회전을 의식하면서 볼을 멀리 던진다

옆을 향한 다음 발을 내디딘다

발끝은 볼을 보내는 방향을 향한다

MENU 059 〔서브의 기초〕

무릎 세우고 앉아서 사이드핸드 서브

인원수 1명
장소 엔드 라인
레벨 초급

목표 한쪽 무릎을 세우고 앉은 자세에서 토스한 다음 몸 옆에서 볼을 때린다. 초보자도 타이밍만 잘 맞추면 서브를 넣을 수 있다. 의자에 걸터앉았다가 일어나면서 볼을 때리는 방법으로도 동작을 익힐 수 있다.

① 왼손(왼손잡이는 오른손)으로 볼을 잡고 한쪽 무릎을 세우고 앉아서 준비한다

② 토스를 올리고 세운 무릎 위에서 볼을 때린다

팔을 휘둘러서 볼을 때린다

조언
①의 동작을 취할 때부터 무릎을 세운 쪽의 발끝이 서브 진행 방향을 향하도록 내디디면 허리 회전을 사용하기 더욱 쉬워진다. 무릎과 발끝이 서브 방향을 향하도록 해 보자.

MENU 060 〔서브의 기초〕

토스 안정화 훈련

인원수 1명
준비물 훌라후프, 볼
레벨 초급

목표 서브에서 가장 중요한 것은 토스를 안정적으로 올리는 것이다. 발을 내딛고 볼을 때릴 위치 아래에 수건이나 훌라후프로 표시를 해두고, 그곳에 볼이 떨어지도록 토스를 올린다.

① 서브할 때의 준비 동작을 취한다

② 표시해 놓은 곳에 볼이 떨어지도록 토스를 올린다

머리 위로 올린 팔은 볼을 때리기 직전에 멈춘다

✓ CHECK!
팔 힘으로 토스하기가 어려우면 처음에는 무릎을 같이 사용하여 토스한다. 자신이 생각한 곳으로 볼을 올리고, 도움닫기한 다음 매번 똑같이 팔을 휘두를 수 있도록 연습하자.

MENU 061 〔서브의 기초〕

히팅 포인트 확인 훈련

인원수	1명
준비물	수건, 볼
레벨	초급

목표 서브할 때 가장 힘을 싣기 좋은 위치를 확인한다. 볼을 수건으로 감싸서 한 손으로 잡은 다음 자신이 때리기 편한 위치에서 멈추고 때린다. 스파이크 히팅 포인트도 확인할 수 있다.

① 수건으로 감싼 볼을 왼손으로 잡는다

② 가장 때리기 편한 타점에서 볼을 때린다

③ 늘 같은 위치에서 때리도록 의식한다

때릴 곳을 정하고 집중해서 본다

MENU 062 〔서브의 기초〕

라인 따라 수건 던지기

인원수	1명
준비물	작은 수건
레벨	초급

목표 오버핸드 서브에서 팔을 뒤로 쭉 당긴 다음 볼을 똑바로 때리는 동작을 익힌다. 팔 힘이 부족해 고관절을 쓰려고 하면 팔을 옆으로 휘두르게 되므로 이를 막기 위한 연습이기도 하다.

① 라인을 따라 한쪽 무릎을 세우고 앉는다

② 라인을 따라 수건을 던진다

정확한 서브 자세를 의식한다

☑ CHECK!

라인 위에 오른쪽 무릎(왼손잡이는 왼쪽 무릎)이 오도록 한쪽 무릎을 세우고 앉는다. 이때 무릎을 세운 쪽의 발끝은 똑바로 정면을 향한다. 그다음 둥글게 만 수건을 앞으로 던지는데, 던진 후에는 손바닥이 상대방을 향하도록 한다.

| MENU 063 | 서브의 기초 | **라인 따라 서브** | 인원수 1명
장소 라인 위
레벨 초급 |

> **목표** 라인 따라 수건 던지기(메뉴 062)에서 똑바로 던지는 동작을 익혔다면 플로터 서브를 실제로 때리는 연습을 한다. 그어 놓은 라인을 따라 발을 디딘 다음 체중 이동을 하며 안정된 자세로 볼을 때린다.

1 오른발(왼손잡이는 왼발)로 라인을 밟고 토스를 올린다

2 왼발을 내딛고 체중 이동을 하면서 볼을 때린다

내디딘 쪽 다리로 체중을 이동한다

✓ CHECK!
오버핸드 서브는 고관절의 힘을 사용하기 어렵기 때문에 팔 힘이 필요하다. 몸이 옆으로 흔들리지 않도록 토스를 안정적으로 올리고, 볼을 때린 다음에는 팔을 멈춘다.

| MENU 064 | 서브의 기초 | **벽 보고 서브** | 인원수 1명
장소 벽이 있는 곳
레벨 초급 |

> **목표** 벽 바로 앞에 서서 오버핸드 서브를 떠올리며 볼을 밀어 벽에 댄다. 손과 벽 사이에 볼을 끼워서 히트 포인트를 확인하고, 서브할 때의 움직임과 히트 감각을 잡는다(사진 속 모델은 왼손잡이니 참고하자).

1 서브를 넣는 손의 반대쪽 손으로 볼을 밀면서 벽에 댄다

2 서브 타점에서 서브를 넣는 손으로 재빨리 볼을 밀어 벽에 댄다

볼을 미는 쪽의 팔은 쭉 편다

볼이 떨어지지 않도록 재빨리 팔을 휘두른다

✓ CHECK!
①의 동작은 히트 포인트보다 높은 위치에 볼을 밀면서 벽에 댄다. 볼에서 손을 떼는 순간에 서브하는 팔을 스윙하여 볼을 밀어 벽에 댄다.

방향 컨트롤 서브 〔서브〕

인원수	2명
준비물	고무줄, 볼
레벨	초급

목표 한 발 내디딘 쪽 발에 고무줄을 달고, 동료가 고무줄을 당기는 방향으로 오버핸드 서브를 때린다. 목표 코스를 겨냥해서 정확하게 때리는 연습을 한다.

① 한 발 앞으로 내디딘 발에 묶은 고무줄을 동료가 당긴다

② 당겨진 방향으로 발끝을 향하게 한 후 서브를 때린다

발끝은 고무줄 방향을 향한다

✓ CHECK! 볼을 때린 후에는 손바닥이 그 방향을 향하도록 한다. 동료는 발끝과 손바닥의 방향을 체크하며 다양한 방향으로 서브를 유도한다.

눈 가리고 서브 〔서브〕

인원수	1명
준비물	수건, 볼
레벨	중급

목표 서브는 일정한 위치로 토스를 올리고, 일정한 스윙을 하면 실수가 줄어든다. 눈을 가리고 서브를 때리는 연습으로 토스의 높이와 타이밍, 위치를 파악하는 감각을 익힌다.

① 수건 등으로 눈을 가린다

② 토스와 폼을 의식하며 서브를 때린다

조언 스윙, 손목 각도, 중심 이동, 자세, 안정적인 토스 등 다양한 포인트를 동료가 서로 확인해 주자. 팔이 내려가면 백스핀이 걸리므로 그 점도 주의해서 체크한다.

MENU 067 〔서브〕 외발 점프 플로터 서브

인원수	1명
장소	막대기, 테니스볼 등
레벨	초급

목표 한 발로 뛰면서 때리는 점프 플로터 서브를 연습한다. 먼저 스텝을 연습하고, 익숙해지면 수건 던지기나 볼 던지기로 스윙 동작을 추가해서 연습한 다음 마지막에는 실제로 때리는 동작까지 해 본다.

1 표시를 따라 오른발을 45도 앞으로 내디딘다

각도를 넣고 들어가면 상체의 회전력을 만들기 쉽다. 또 ④의 동작을 할 때 볼을 앞에서 잡기 쉬워진다.

45도

☑ **CHECK!** 수건이나 막대기로 만드는 표시는 네트를 향해 오른쪽 45도 각도로 놓는다.

2 상체를 세운 채로 왼발로 점프한다

☑ **CHECK!** 하나, 둘의 리듬으로 한 발(왼발)을 45도로 각도로 들어간 다음 정면(네트 방향)을 향해 두 다리로 착지한다.

3 ①, ②의 동작에 이어 점프하면서 네트를 향해 볼을 던진다

네트를 향해 볼을 던진다

☑ **CHECK!** 하나, 둘의 리듬으로 두 번째 박자 때 공중에서 순간적으로 멈추는 느낌으로 움직인다. 볼은 세 번째 박자에서 던진다.

4 외발 점프 플로터 서브를 실제로 때린다

이 동작을 익히면 메뉴 122의 원 레그 스파이크 훈련도 병행할 수 있다

☑ **CHECK!** 어려우면 도움닫기, 토스, 점프, 스파이크 동작을 따로따로 나눠서 연습한다.

서브

네트 위 타깃 노리기

인원수 1명
준비물 고무줄, 아쿠아봉 등
레벨 중급

목표 겨냥한 목표로 서브를 정확하게 때리는 연습이다. 타깃은 고무줄 같은 것으로 네트 위에 만들어도 좋고, 상대 코트의 엔드 라인 부근에 볼을 놓은 다음 그것을 노려도 좋다.

네트 위에 있는 통과 지점을 노리며 서브를 때린다

이 사이를 노린다

안쪽 목표물에 맞으면 더욱 좋다

☑ **CHECK!**

네트 위쪽에 통과 지점을 한정해 놓으면 낮은 궤도의 서브도 연습할 수 있다. 연습이 어려운 경우에는 어택 라인에서 볼을 때리기 시작하여 점점 뒤로 물러나며 연습하는 방식으로 실시한다. 무턱대고 때리지 말고, 적은 개수의 볼과 짧은 시간에 집중해서 실시하여 컨트롤 능력을 기르자.

서브

9등분 서브

인원수 1명
장소 코트 전체
레벨 중급

목표 상대 코트를 9등분해서 자신이 보내고 싶은 곳 또는 지시받은 곳을 겨냥해 서브를 때린다. 강한 서브뿐만 아니라 전위에 떨어지는 쇼트 서브도 때리는 것을 목표로 한다.

서브로 9등분한 코트의 각 코스를 겨냥해서 때린다

조언

자신이 노린 장소를 선언하고 서브를 때리거나 지시받은 곳에 정확히 때리도록 하자. 어느 곳으로든 정확하게 서브를 보내는 것이 가장 이상적이다. 강하고 빠른 서브뿐만 아니라 쇼트 서브도 때리도록 하자.

코트 나누는 방법은 분석가들에 의해 세계 공통으로 정해져 있다

MENU 070 — 서브

코트 위의 타깃 노리기

인원수	1명
준비물	꼬깔 등
레벨	중급

목표 코트 안에 꼬깔이나 매트로 상대 선수를 대신할 물건을 놓고 선수와 선수 사이, 선수와 사이드 라인 사이를 목표로 서브를 보낼 수 있도록 컨트롤 능력을 기른다. 긴장감을 높인 상태에서 실시하면 더욱 효과적이다.

타깃 또는 타깃과 타깃 사이를 겨냥하여 서브를 때린다

조언 시합에서는 특정 선수를 핀 포인트로 노리거나 선수와 선수 사이, 선수와 사이드 라인 사이를 노리기도 한다. 그런 장면을 떠올리면서 훈련하자. 그룹으로 나누어 점수 내기를 하면 게임 감각으로 즐길 수 있다.

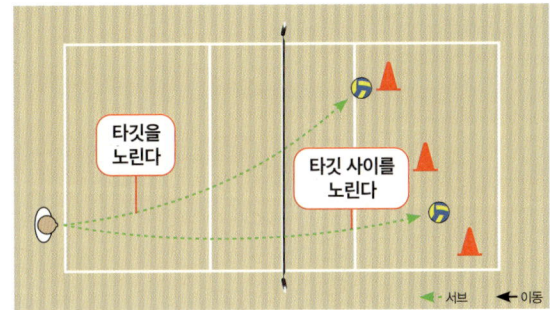

타깃을 노린다 / 타깃 사이를 노린다 / 서브 / 이동

MENU 071 — 서브

타점&통과점 컨트롤

인원수	5명
준비물	고무줄 등
레벨	상급

목표 고무줄 3줄을 달고 그 사이를 노려서 서브를 때린다. 높은 타점에서 내리꽂듯이 직선으로 때리는 서브를 목표로 한다.

타점이 높고 통과점이 낮은 서브를 때리도록 한다

이 고무줄 위를 통과하고 안쪽의 2줄 아래를 통과한다

☑ CHECK!

고무줄을 엔드 라인으로부터 3m 앞쪽에 1줄, 어택 라인 위에 1줄, 네트 위에 1줄을 설치한다. 사진처럼 사람이 잡지 않고, 고무줄을 벽 같은 곳에 설치할 수 있다면 좋다. 가장 앞쪽 고무줄 위를 볼이 통과하고, 그 뒤의 고무줄 2줄 아래로 볼이 통과하도록 타점은 높고 통과점은 낮은 서브를 때린다. 자연스럽게 때리는 힘(타력)이 필요해지고 서브 스피드도 올라간다.

MENU 072	서브		인원수	2명 이상
			장소	코트 전체
			레벨	초급~중급

서브 VS 서브 리시브

목표 상대 코트에 들어간 리시버와 서브·리시브로 대결한다. 리시버 1명에게 서브를 때리면서 시작한다. 그다음 점점 리시버를 늘려서 실제 경기와 가까운 상황을 만들며 연습한다.

시합 상황을 떠올리며 상대 리시버와 대결한다

1 대 1로 시작해서 상대 코트에 들어가는 인원을 3~4명으로 늘리고 실제 서브·리시브하는 형태로 진행한다. 리시버가 세터에게 볼을 올리지 못하면 서버가 이기는 것으로 하는 등 긴장감 속에서도 원하는 곳으로 볼을 컨트롤하며 서브를 때릴 수 있도록 한다.

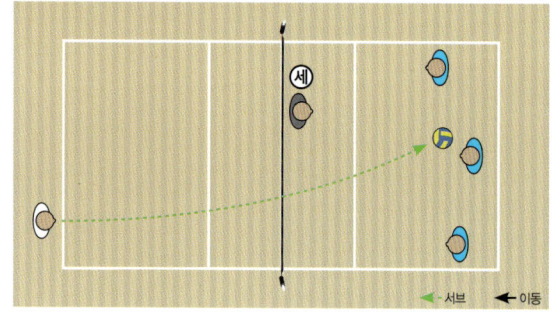

 조언

서비스 에이스는 3점, D 패스는 2점, C 패스는 1점, 서비스 미스는 -3점 등 점수를 매기면서 겨루면 재미있게 할 수 있다.

COLUMN

상대를 무너뜨리기 위한 서브를 노리자

당연히 서브는 서비스 에이스를 노리는 것이 가장 좋다. 실패할 위험이 있더라도 되도록 상대 수비를 무너뜨리고, 공격하기 어려운 서브를 때리자. 팀 동료의 블로킹과 디그 연계로 상대 공격 패턴을 좁힐 수 있는 서브를 때리는 것이 중요하다.

서브를 잘 넣고 싶다면 우선 리시버에서 먼 곳이나 선수와 선수 사이, 선수와 사이드 라인 사이를 노리고, 네트에 닿을락 말락 하게 넘기는 서브를 연습하자. 시합에서는 세터가 달려 나오는 곳을 노리거나 리시브가 약한 선수, 공격력이 좋은 선수, 세터가 볼을 올리기 힘든 곳을 겨냥한 서브도 효과적이다.

상대에게 심리적으로 압박을 주는 서브도 있다. 이전에 실수한 선수나 교체로 들어간 선수, "지금, 이 선수가 실수하면 상대 팀의 리듬을 무너뜨릴 수 있어"라고 생각되는 선수 등 시합의 분위기나 흐름을 읽으면서 분명한 의도를 가진 서브를 때리는 것이 가장 이상적이다.

제 **4** 장

리시브

공격의 기점이 되는 리시브. 패스와 마찬가지로 확실하게 익히면 팀의 공격·득점 기회가 크게 늘어난다. 기초 동작을 비롯해 리시브한 후의 동작까지 배워 보자.

MENU 073 리시브의 기초
디그의 포인트

① 가장 이상적인 형태는 상대 팀에서 날아오는 볼의 코스를 읽고 먼저 들어가는 것이다

② 빠르게 팔의 면을 만들고 각도를 조절해서 볼을 컨트롤한다

☑ **CHECK!**

네트에서 멀어질수록 팔로 만드는 면이 앞을 향하게 한다. 네트에 가까워지면 볼을 아군 진영 코트 위로 올려야 하므로 면이 위를 향하게 한다.

☑ **CHECK!**

볼이 팔에 닿은 후에 보내고 싶은 방향으로 무리하게 팔을 움직이지 말고, 볼에 닿기 전에 팔의 각도를 정해 놓는다.

✕ NG

무릎을 쭉 편 상태에서 하는 디그는 NG. 볼을 잡는 것은 기본적으로 팔이지만, 다리(고관절)를 사용해서 안정적으로 받을 수 있도록 한다.

리시브란 상대가 보낸 볼을 아군 팀이 공격할 수 있게 연결하는 플레이를 말한다. 그중에서도 어택 리시브(서브를 제외한 리시브)를 디그라고 한다. 몸을 던져서 볼을 받는 디그는 겉보기에는 멋지지만, 어택 코스로 빠르게 움직여서 깔끔하게 볼을 걷어 올리는 플레이야말로 최고의 파인 플레이다. 디그는 자기 혼자 완성할 수 없다. 아군 팀 블로커와의 연계나 상대 공격수의 동작 등 정보를 파악한 다음 위치를 잡고 플레이하도록 하자.

③ 아군 팀 블로커와 연계해서 상대의 공격 범위를 좁힌다

④ 포기하지 말고 볼을 끝까지 쫓아가서 기회를 만들자

✓ CHECK!

상대 팀의 스파이크를 비롯한 페인트나 푸시는 물론, 아군 팀이 공격할 때 블로킹 커버에도 신속하게 대응할 수 있도록 하자.

조언

볼 크기나 무게에도 규정이 있는데, 중학생은 4호볼(지름 20㎝, 무게 240~260g)을, 고등학생 이상은 5호볼(지름 21㎝, 무게 260~280g)

을 사용한다. 4호볼은 팔에 가해지는 부하가 크지 않지만, 5호볼은 상대 스파이크의 위력까지 더해져 몸과 팔의 부담이 커진다. 이 경우에는 4호볼을 사용할 때보다 몸 앞쪽에서 볼을 받아내야 하므로 자신의 팔을 시야에 넣으면서 몸 앞쪽 허리 부근에서 볼을 컨트롤하도록 하자.

MENU 074 — 스텝: 이동 스텝

인원수	2명
장소	제한 없음
레벨	초급

목표 이동해야 하는 거리나 방향, 상황에 따라 사이드 스텝, 크로스오버 스텝, 달리기를 구분해 사용한다. 얼마만큼 빨리 볼 낙하지점으로 이동하는지가 중요하다.

1. 리시브할 위치까지 빠르게 이동한다
2. 옆으로 짧게 이동할 때는 사이드 스텝을 사용한다
3. 중심을 낮추고, 고관절을 사용해 볼의 힘을 죽이며 받는다

팔 면에 볼이 닿았을 때 그 힘이 엉덩이 아래쪽에서 느껴지면 좋다

MENU 075 — 스텝: 스플릿 스텝

인원수	2명
장소	제한 없음
레벨	초급

목표 상대가 볼을 때리는 순간에 살짝 뛰는 스플릿 스텝을 넣으면 대응하기가 쉬워진다. 히트 순간에 타이밍을 맞춰서 위로 뛰는 것이 아니라 두 발을 좌우로 넓히는 느낌으로 뛴다.

1. 상대가 볼을 때리는 순간에 살짝 뛴다
2. 공중에서 움직이기 쉬운 자세를 만들고 바닥에 발이 닿으면 리시브한다

가볍게 점프한다

☑ **CHECK!** 상대가 공중에 떠 있는 한순간에 상황을 판단하고, 좌우로 발을 넓히면서 리시브 준비 동작을 만든다.

☑ **CHECK!** 자신이 컨트롤하기 가장 쉬운 자세로 볼을 걷어 올린다.

MENU 076

리시브 진형 전술

이니셜 포지션에서 디펜스 포지션으로

목표 리시브 포지셔닝은 팀이 어떤 수비 체계를 취하는지에 따라 시작 위치(이니셜 포지션)가 바뀐다. 수비 체계를 정한 다음 상대 팀의 다양한 공격을 걷어 올리도록 한다.

① 상대 팀의 투 어택이나 퀵(속공)에 대비해 자신이 지키기 쉬운 진형을 취한다

② 퀵이 왔을 때 대응하기 쉽게 준비한다

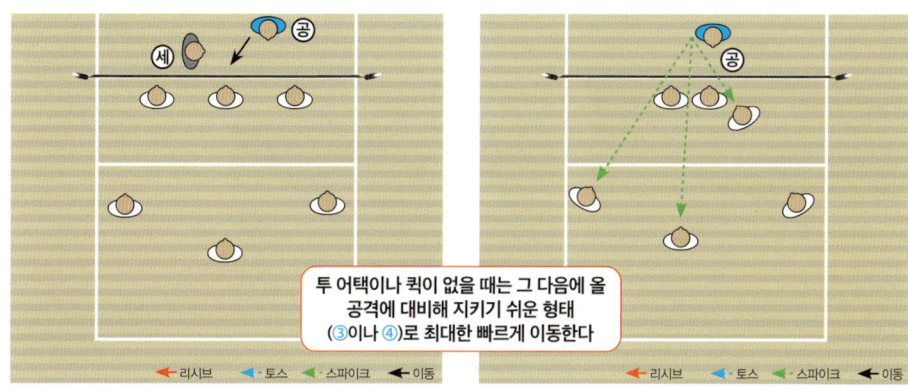

투 어택이나 퀵이 없을 때는 그 다음에 올 공격에 대비해 지키기 쉬운 형태 (③이나 ④)로 최대한 빠르게 이동한다

☑ **CHECK!** 먼저 투 어택이나 퀵 같은 빠른 공격에 대응할 수 있는 형태를 만든다.

☑ **CHECK!** 선수의 수준과 상황에 따라 역할을 분담해 놓고, 대응하는 방법도 있다.

③ 블로킹(블)으로 코스를 좁힌 다음 볼이 빠져나갈 수 있는 코스를 디그로 대응할 수 있도록 연계한다

④ 블로킹이 갖춰지지 않은 경우에는 2명의 블로킹 사이에 리시버가 들어가 디그로 대응한다

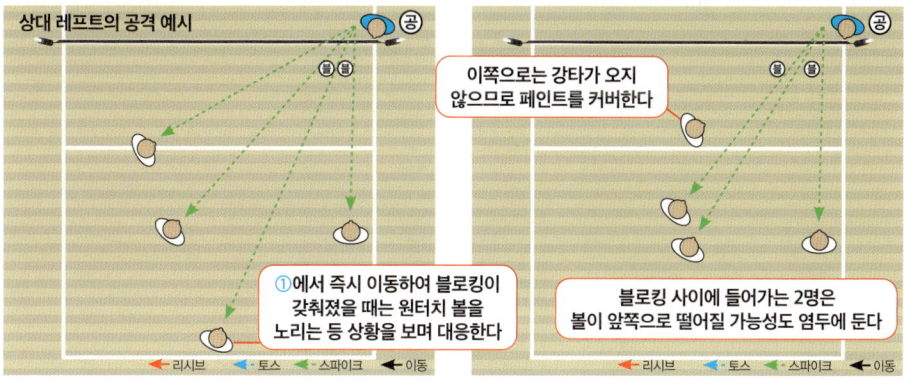

이쪽으로는 강타가 오지 않으므로 페인트를 커버한다

①에서 즉시 이동하여 블로킹이 갖춰졌을 때는 원터치 볼을 노리는 등 상황을 보며 대응한다

블로킹 사이에 들어가는 2명은 볼이 앞쪽으로 떨어질 가능성도 염두에 둔다

☑ **CHECK!** 상대가 스파이크를 때리기 전에 포지셔닝하고 반응할 수 있도록 한다.

☑ **CHECK!** ①에서 ④로 이동하는 등 상황에 따라 한 팀으로서 어떻게 움직일지 정해 놓는다.

리시브의 기초

사이드 시프트 캐치

인원수	2명
장소	코트 전체
레벨	초급

목표 고관절을 활용해 볼 받는 감각과 디그 자세를 익힌다. 좌우로 날아오는 볼을 두 발을 움직이지 않고, 중심 이동하여 캐치한다. 발끝과 무릎 방향을 맞추는 것이 중요하다.

1 두 다리를 어깨너비의 1.5~2배 넓게 벌리고, 발바닥 전체를 바닥에 붙인다

2 볼을 허리에 붙이듯이 중심을 옮기면서 캐치한다

각도를 바꾸지 않고 움직인다

중심 이동

✓ CHECK!

볼이 좌우로 오면, 볼이 오는 쪽의 다리 위로 엉덩이를 이동시켜 캐치한다. 무릎을 약간 구부리고, 두 어깨와 고관절을 평행으로 이동시키는 느낌이다. 시선은 앞을 향한 채로 유지한다.

디그의 기초

키퍼 연습

인원수	2명
장소	벽이 있는 곳
레벨	초급

목표 초보자가 리시브할 때는 팔 모으기를 우선하기 십상이다. 그 버릇을 고치고 팔이 바로 나갈 수 있도록 축구 골키퍼처럼 날아오는 볼에 반응하는 연습을 한다.

1 동료 한 명이 벽을 향해 볼을 던진다

2 동료가 던진 볼이 벽에 닿지 않도록 막는다

✓ CHECK!

빠르게 손을 뻗어서 볼을 터치하도록 하자. 2명의 거리가 가까울수록 어려우므로 수준에 맞게 거리를 조절한다. 익숙해지면 동료는 자기가 토스를 올려(셀프 토스) 스파이크를 때린다.

디그의 기초

디그 감각 익히기

인원수	2명
장소	제한 없음
레벨	초급

목표 좌우로 날아오는 볼을 제자리에서 팔을 쭉 뻗어 한 손으로 걷어 올린다. 팔 뻗는 각도에 따라 볼이 어디로 날아가는지 인지하면서 한 손으로도 볼을 컨트롤할 수 있도록 한다.

① 날아오는 볼을 한 손으로 걷어 올린다

 가까운 거리에서 스파이크로 날아오는 볼을 걷어 올린다

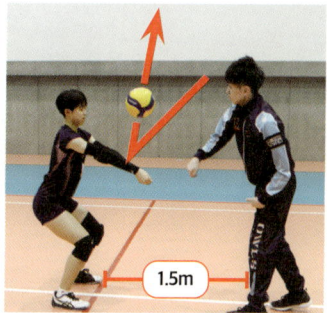

✓ CHECK!

6m 정도 떨어진 곳에서 시작해 왼손, 오른손, 한 손, 두 손으로 어떤 높이에서든 안정적으로 볼을 걷어 올릴 수 있게 되면 조금씩 거리를 좁힌다. 마지막에는 1.5~2m 거리에서 디그하는 감각을 익힌다. 거리가 가까워서 무섭다면 눈을 감고 팔로 면을 만든 다음 동료가 볼을 맞히는 연습을 해도 좋다.

디그의 기초

타기팅 디그

인원수	2명
준비물	훌라후프, 수건 등
레벨	초급

목표 목표로 한 장소에 볼이 떨어지도록 디그를 컨트롤하는 능력을 기른다. 경기 중 네트 근처에 세터가 없는 경우나 볼 각도를 바꾸지 않으면 아군 진영 코트에 넣기 힘든 상황에서 도움이 된다.

① 훌라후프나 수건 등을 놓아서 목표물로 삼는다

 목표물에 볼이 떨어지도록 디그를 컨트롤한다

조언 🔊

볼은 다양한 위치에서 보내도록 한다. 목표도 한 곳이 아니라 여러 곳에 놓고, 그곳에 정확하게 볼이 떨어지도록 컨트롤 능력을 기르자.

MENU 081

디그의 기초

1, 2, 3 디그

인원수	3명 이상
장소	6m
레벨	초급

목표 1명이 던지는(때리는) 볼을 여러 리시버가 1볼씩 순서대로 걷어 올린다. 볼을 보내는 쪽은 리시버의 좌우 한 쪽으로 몸에 가깝게 볼을 보낸다. 그다음에는 점점 몸에서 멀리 볼을 보낸다.

1. 중심은 좌우 균일하게 분배한다. 빠르게 움직일 수 있도록 자세를 갖춘다

스플릿 스텝을 밟으면서 타이밍을 잰다

☑ **CHECK!** 볼은 6m 정도 떨어진 위치에서 보낸다. 발 아래에 마커를 놓아서 시작 위치를 표시해 놓는다.

2. 한쪽 발에 중심을 실어 볼을 올린다

왼쪽 다리에 중심을 싣는다

☑ **CHECK!** 왼쪽⇨오른쪽 순으로 하는 등 미리 정해 놓은 쪽으로 볼을 보낸다.

3. 좀 더 멀리 오는 볼은 한 걸음 내딛고 한쪽 발에 중심을 실은 다음 받는다

마커에서 발을 한 걸음 내딛는다

☑ **CHECK!** ①의 자세에서 자연스럽게 동작이 연결되도록 집중한다.

4. 더 멀리 오는 볼은 두 걸음 움직여서 중심 이동한 다음 볼을 받는다

이보다 더 바깥쪽으로 볼이 오는 경우에는 디그한 다음 몸을 바닥으로 던져 미끄러진다

다리 폭을 유지하기 위해 바깥쪽으로 벌린 만큼 반대쪽 다리는 좁힌다

다리를 2걸음 바깥쪽으로

☑ **CHECK!** 가슴을 바닥에 붙이는 형태로 미끄러지면서 볼을 받으면 볼이 뒤로 잘 빠지지 않는다.

MENU 082 — 회전 리시브
(디그의 기초)

인원수	1명
장소	제한 없음
레벨	초급

목표 날아오는 볼을 리시브한 다음 그 기세를 이용해 재빨리 일어나는 회전 리시브 동작을 마스터한다. 공포심을 없애기 위해 처음에는 볼을 사용하지 않고, 매트를 깔고 연습한다.

1 리시브 받을 준비를 하고 발의 대각선 앞에 볼을 놓는다

☑ **CHECK!** 좌우 양쪽 모두 회전할 수 있도록 한다.

2 볼 아래에 손을 넣어서 걷어 올린다

☑ **CHECK!** 몸을 회전하는 동시에 볼 아래로 손이 들어가는 느낌으로 실시한다.

3 왼쪽 허리와 어깨를 동시에 바닥에 대면서 옆으로 돈다

☑ **CHECK!** 바닥에 닿는 부분이 거의 동시에 닿도록 돈다.

4 한 번 돌았으면 손을 짚고 재빨리 일어난다

☑ **CHECK!** 다 돌았으면 일어나서 바로 다음 플레이를 준비한다.

MENU 083	디그의 기초	인원수	2명
	스프롤	장소	제한 없음
		레벨	초급~중급

> **목표** 스프롤은 자신의 앞으로 볼이 짧게 떨어질 때 몸을 앞으로 미끄러뜨려 디그하는 스킬을 말한다. 먼저 시선을 낮추고 무릎을 바닥에 댄 상태에서 실시한다.

  두 무릎을 바닥에 대고 리시브 준비 자세를 취한다

☑ **CHECK!**
볼을 보내는 선수는 리시버가 쓰러졌을 때 닿을락 말락 한 거리에 볼을 똑바로(뜨지 않은 볼) 보낸다.

  날아오는 볼을 앞으로 쓰러지면서 걷어 올린다

☑ **CHECK!**
팔의 면을 확실하게 만들어서 볼을 위로 올린다. 역회전이 걸리도록 팔을 볼 아래에 미끄러지듯 넣어서 리시브한다.

손과 팔꿈치가 동시에 닿는 느낌으로 힘을 분산해서 몸을 바닥에 던진다

  팔을 뻗으면서 미끄러져 들어간다. 선 자세에서도 연습한다

☑ **CHECK!**
실전에서는 무릎을 대지 않은(선) 자세에서 디그하므로 익숙해지면 서서 연습한다. 또 정면 연습에 더해 좌우에서 볼을 받는 연습도 한다.

조언 🔊

처음에는 팔꿈치 보호대를 착용하고 실시한다. 보호대가 없으면 수건을 두 손(손목부터 손끝까지)에 감은 상태에서 바닥에 수건을 문지르듯이 미끄러지며 자세를 익힌다. 바닥에 손을 대고 팔꿈치를 쭉 펴면 어깨를 다칠 수 있으니 주의하자. 거리가 멀어 한쪽 발을 한 걸음 앞으로 내디디며 스프롤하는 경우에는 한쪽 무릎을 꿇듯이 미끄러지며 볼 아래로 팔을 밀어 넣는다.

MENU 084	리시브의 기초

슬라이딩 리시브 (팬케이크)

인원수 2명
장소 제한 없음
레벨 초급~중급

4 리시브

목표 실전에서는 볼에 두 손은커녕 한 손을 대기도 어려운 경우가 많다. 그럴 때는 손바닥을 볼 밑에 밀어 넣어서 리시브하는 팬케이크 기술이 도움이 된다.

1 한 손을 쭉 뻗으며 볼에 뛰어든다

☑ **CHECK!**
볼과 가까운 쪽 손을 최대한 쭉 뻗는다. 반대쪽 손은 가볍게 몸을 지지한다. 왼손, 오른손 모두 연습한다.

2 손바닥을 똑바로 볼 아래에 밀어 넣는다

☑ **CHECK!**
날리고 싶은 방향으로 손목을 향하면 좋다.

손바닥을 바닥에 확실하게 대고 미끄러진다

3 볼이 올라간 것을 팀 동료에게 전한다

☑ **CHECK!**
다음에 볼을 연결할 팀 동료는 미리 올라온 볼을 어떻게 처리할지 대비한다.

세이프!

지도자 MEMO

선수 개개인의 기술을 개선하는 데 있어서 빼놓을 수 없는 것은 자신의 몸을 컨트롤하는 능력이다. 그러므로 감독이나 지도자는 볼의 행방을 쫓기보다 볼을 컨트롤하는 선수의 움직임에 주목하는 것이 좋다. 원하는 곳으로 볼을 보내려면 어떻게 볼터치를 해야 하는지 파악하고, 선수가 계획한 대로 몸을 움직일 수 있도록 몸 개선에 필요한 연습(1장 코디네이션과 8장 바디컨트롤)을 도입하자.

| MENU 085 | 리시브의 기초 **짐볼 플라잉 리시브** | 인원수 1명
장소 짐볼
레벨 초급 |

목표 짐볼을 굴리면서 체중을 이동하여, 볼 위를 미끄러지며 플라잉 리시브 동작을 마스터한다. 팔, 가슴 순으로 바닥에 닿도록 하고, 익숙해지면 도움닫기를 하면서 짐볼에 뛰어든다.

① 두 팔은 리시브할 때 형태로 만들고 가슴을 볼 가까이 가져간다

☑ **CHECK!**
짐볼에서 2~3걸음 정도 거리를 두고 팔부터 짐볼에 올리는 느낌으로 연습한다.

② 볼을 앞으로 굴리면서 몸을 앞으로 미끄러뜨린다

☑ **CHECK!**
짐볼의 중심보다 앞으로 뛰어 들어가는 느낌으로 볼 위에서 몸을 미끄러뜨린다.

③ 팔, 가슴, 배 순으로 바닥에 닿도록 미끄러진다

☑ **CHECK!**
짐볼을 사용해 뛰어들어 리시브하는 감각을 익힌 다음 익숙해지면 실제로 볼을 받는 연습을 해 본다.

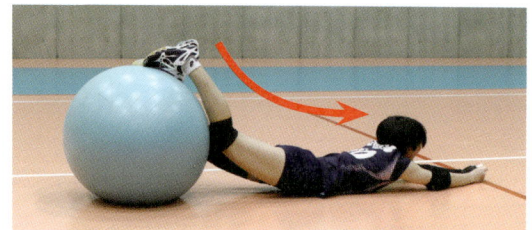

조언 처음에는 짐볼 근처에서 볼 반대쪽으로 뛰어드는 느낌으로 시작하자. 익숙해지면 조금씩 도움닫기를 해서 볼 반대쪽으로 멀리 뛰어드는 연습을 한다. 이 감각을 익히면 짐볼 없이도 자연스럽게 바닥으로 뛰어들 수 있게 된다. 높은 위치에서 뛰어들어 리시브할 경우에는 바닥에 손을 짚고 팔꿈치를 굽혀 힘을 분산시키면서 가슴으로 미끄러진다.

MENU 086 — 볼 뛰어넘으면서 플라잉 리시브

(리시브의 기초)

인원수 1명
장소 제한 없음
레벨 중급

목표 메뉴 085에서 뛰어드는 감각을 익힌 다음에는 바닥에 볼을 놓고, 앞의 동작을 떠올리면서 뛰어넘는다. 먼저 두 손을 짚고 미끄러지는 연습을 한 다음 익숙해지면 한 손을 짚고 미끄러지도록 한다.

1. 낮은 자세로 볼에 다가가서 한 발을 내디딘다

☑ **CHECK!**
리시브할 준비를 한 채로 나아가서 한 발로 가볍게 앞으로 점프한다.

2. 볼 위를 뛰어넘으면서 두 팔로 바닥을 짚는다

☑ **CHECK!**
바닥과 가까운 곳에서 리시브하는 경우는 팔을 뻗은 채로 미끄러져 들어간다. 높이가 있는 경우는 손바닥으로 바닥을 짚은 다음 팔꿈치를 굽혀서 힘을 분산시키며 미끄러진다.

3. 팔, 가슴, 배 순으로 바닥에 닿도록 미끄러진다

☑ **CHECK!**
두 팔을 짚고 미끄러지는 경우에는 팔로 바닥을 뒤로 밀듯이 움직이면 가슴부터 바닥에 닿아 부드럽게 미끄러질 수 있다.

지도자 MEMO

플라잉 리시브를 무서워하는 선수는 처음부터 서 있는 자세에서 그대로 뛰어들게 하지 말자. 메뉴 083부터 시작하여 먼저 리시브 준비 자세를 연습하고, 도움닫기를 추가해 먼 곳에 있는 볼을 향해 미끄러져 들어가는 방식으로 조금씩 난도를 올려 연습하는 것이 좋다. 이때 중요한 것은 선수에게 볼을 올려주는 위치다. 선수에게 닿을락 말락 한 위치로 똑바로 볼을 던져주자.

MENU 087

리시브의 기초

플라잉 리시브

인원수 2명
장소 제한 없음
레벨 중급

목표 메뉴 086에서 플라잉 리시브 동작을 익혔다면 실제로 날아오는 볼에 뛰어들어 리시브해 보자. 재빨리 볼의 낙하지점을 파악하는 것이 포인트다. 턱을 들어서 바닥에 부딪히지 않도록 조심하자.

1 볼 낙하지점을 빠르게 판단한다

☑ **CHECK!**
낮은 자세로 준비한다. 시선은 되도록 바닥 가까이에 두고 리시브할 준비를 한다.

2 빠르게 볼의 낙하지점으로 다가간다

☑ **CHECK!**
팔로 면을 만들어 볼 낙하지점으로 미끄러져 들어간다.

선수의 손이 닿을락 말락 한 곳으로 볼을 보낸다

최대한 참았다가 상체가 바닥으로 내려가면 앞을 향해 바닥을 찬다

3 팔, 가슴, 배 순으로 바닥에 닿도록 미끄러진다

☑ **CHECK!**
바닥에 닿을락 말락 하게 오는 볼은 사진처럼 팔을 바닥에 미끄러뜨리면서 가슴을 댄다. 조금 높은 위치에서 뛰어들 때는 메뉴 084의 ②처럼 한 손 또는 두 손으로 몸을 지탱하며 미끄러진다.

조언
팬케이크(메뉴 084)나 플라잉 리시브는 바닥에 닿을락 말락 한 볼을 받는 만큼 컨트롤이 어렵다. 그러므로 실전에서는 리시브한 후, 팀 동료의 움직임이 중요하다. 힘들게 살린 볼이므로 확실하게 다음 플레이로 연결할 수 있게 대비하자.

오버핸드 리시브

오버핸드 디그&서브 리시브

인원수	2명
장소	6~9m
레벨	중급

목표 오버핸드로 받는 디그와 서브 리시브는 볼의 힘에 눌리지 않는 것이 중요하다. 손목을 고정해서 볼이 뒤쪽으로 밀리지 않도록 한다.

6m 정도 떨어진 거리에서 강하게 날아오는 볼을 오버핸드로 리시브한다

☑ CHECK!

리시브할 위치가 얼굴에 가까울수록 팔꿈치가 굽혀져 강한 볼을 견디기 어려우므로 이마에서 볼 1개 정도 떨어진 위치를 기준으로 리시브한다. 볼을 몸 옆에서 팔로만 받으려고 하면 힘에 밀리기 십상이므로 스텝으로 볼에 다가가 이마 근처에서 리시브한다.

리시브

2인 1조 리시브 연습

인원수	2명
장소	6~9m
레벨	초급~상급

목표 2명이 서로 마주 보고 서서 번갈아 1명이 스파이크를 때리고, 다른 1명이 리시브를 한다. 오버핸드로 리시브 하기도 하고, 페인트를 넣기도 하는 등 다양한 목표(과제)를 세워 연습한다.

예) A가 스파이크를 때리면 B가 리시브하고, 다음에 A가 토스를 올리면 B가 A에게 스파이크를 때린다

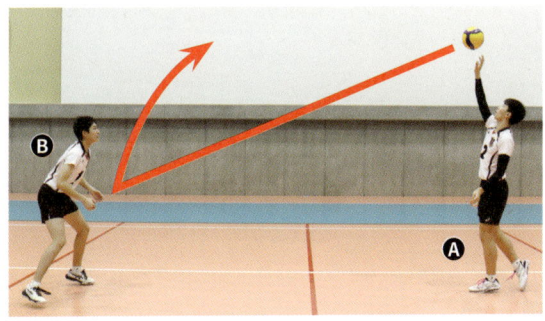

☑ CHECK!

스파이크를 때리는 선수는 동료가 토스한 볼이 떨어지는 지점을 파악하고 자신이 최대한 강하게 때릴 수 있는 위치로 이동해서 때린다. 2명의 거리를 바꾸거나 리시버가 한 걸음 물러나도록 스파이크를 때리는 등 다양한 조합으로 연습하자. 리시버가 스플릿 스텝 타이밍을 의식하거나 스프롤 또는 팬케이크를 하게 만드는 등 그동안 익힌 스킬을 활용하도록 안내하면 효과적이다.

MENU 090	리시브

3인 1조 연계 디펜스

인원수	3명
장소	제한 없음
레벨	중급

목표 디그는 아군 팀 블로커와 연계하는 것이 무엇보다 중요하다. 블로킹 여부에 따라 준비 자세나 포지셔닝을 바꿔서 리시브한다. 코트 내에 리시버를 늘려서 연습해도 효과적이다.

1 3명이 각각 공격수, 블로커, 리시버를 맡는다

2 공격수는 블로커 정면에서 좌우로 조금씩 벗어난 위치에 발을 내딛고, 블로커 옆에서 스파이크를 때린다

3 리시버는 공격수가 스파이크를 때리기 전에 블로커와 겹치지 않는 위치로 이동하여 준비한 다음 리시브한다

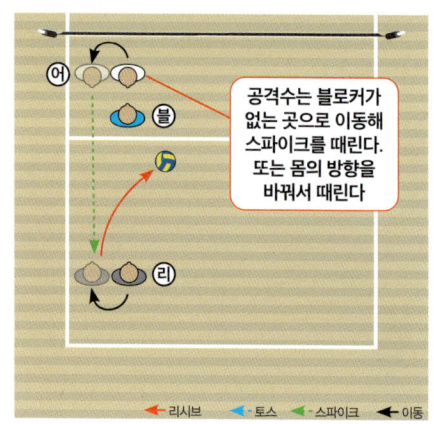

공격수는 블로커가 없는 곳으로 이동해 스파이크를 때린다. 또는 몸의 방향을 바꿔서 때린다

MENU 091	리시브

연속 뒤돌아서 교대로 디그

인원수	3명
장소	제한 없음
레벨	중급

목표 3인 1조로 연습하는데, 양 사이드의 선수가 교대로 스파이크를 때리면 가운데 선수가 그때그때 뒤로 돌면서 디그로 걷어 올린다. 의도나 목표에 따라 거리를 바꾼다. 양 사이드의 선수는 2단 토스 연습도 된다.

1 3명이 나란히 서서 A의 스파이크를 C가 디그로 걷어 올린다. A는 B에게 토스를 올린다

2 토스가 올라오는 사이에 C는 A에게 다가가서 B쪽을 향해 뒤로 돈다. B가 스파이크를 때리면 C는 디그로 볼을 걷어 올린다. B는 A에게 토스한다

C가 B(또는 A)의 스파이크를 디그하기 쉬운 거리를 파악하고 움직이는 것이 중요하다. ①과 ②의 움직임을 반복하면 스파이크를 디그할 수 있는 거리감을 잡을 수 있게 된다.

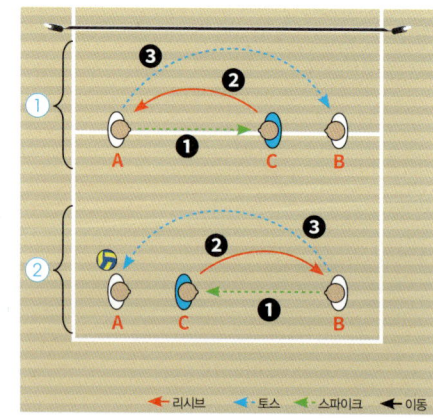

| MENU 092 | 리시브 | **블로킹 옆 코스 디그** |

인원수	8명 이상
장소	코트 전체
레벨	상급

4 리시브

 목표 블로킹 옆 코스로 들어가는 포지셔닝과 디그, 디그한 후의 세팅 기술을 익히는 연습이다. 공격수 입장에서는 블로킹 옆을 겨냥한 코스로 스파이크하는 연습도 된다.

① 리턴 보드※를 잡은 선수를 포함해 4 대 4로 코트에 들어가 상대 공격수가 때린 스파이크를 디그한다. 그다음 팀 동료 선수가 토스를 올리고 공격수가 스파이크를 때린다

블로킹(리턴 보드)은 고정해서 움직이지 않는 상태를 만든다. 디그하는 선수는 상대의 토스가 올라갈 때 어느 포지션에 있는 것이 가장 적합한지 순간적으로 판단한 다음 알맞은 코스로 들어간다. 디그를 올리는 위치도 정해 놓는다.

② 상대 코트에서도 디그, 토스, 스파이크를 연결하여 같은 흐름을 반복한다

그림은 레프트 쪽에서 공격하는 상황이지만, 라이트 쪽에서도 똑같이 훈련한다. 시계 방향으로(❷→❶→❸→❺→❹→❻) 포지션을 이동하면서 연습하자. 선수가 많으면 각 포지션 뒤에 줄을 서서 다음 선수와 교대하는 방식으로 실시한다. 가장 앞에 있는 선수(스파이크를 때린 선수)는 코트 밖을 돌아 반대쪽 코트의 토스를 올리는 위치로 들어간다.

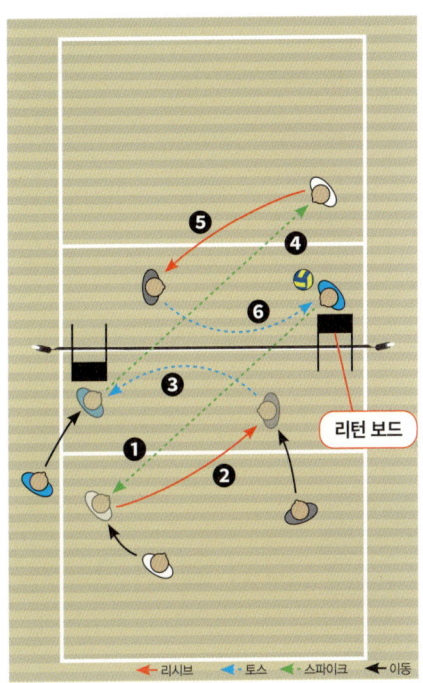

※ 스펀지나 그물을 판처럼 만든 블로킹 연습용 도구

조언

리시버를 후위 레프트와 센터 위치에 배치하고, 둘 중에 디그한 사람이 어택 포지션으로 이동하는 연습도 해 보자. 또는 거기에 더해 전위 레프트 선수도 디그※에 가담하는 응용 연습도 해 보자. 그밖에 블로커를 2명으로 늘리거나 한 번 리바운드(메뉴 127)한 다음 다시 공격을 연결하는 등 실전에서 발생할 수 있는 다양한 상황을 고려하며 연습 내용을 구성한다.

※ 전위 레프트 선수는 디그해도 교대하지 않고, 스파이크를 때린 다음 교대한다.

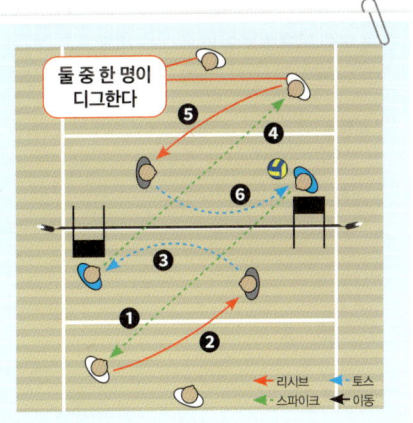

인원수	5명
장소	하프 코트
레벨	중급

MENU 093 리시브
4방향 연속 디그

목표 4방향에서 공격하는 공격수 쪽으로 빠르게 몸을 돌려 디그하는 연습. 되도록 템포를 유지하고, 스텝을 활용해 거리를 조절하며 디그한다.

① 볼을 가진 선수가 코트의 4방향으로 흩어지고 가운데에 리시버가 들어간다

② 1명이 스파이크를 때리면 가운데 선수는 디그로 돌려보낸다

③ 스파이크를 때린 선수의 대각선에 있는 선수는 방향을 가리키면서 다음에 볼을 보낼 곳을 지정한다

손가락으로 지명당한 선수는 다음에 자신이 때린다는 것을 소리쳐 말하며 리시버에게 알린다. 리시버는 소리에 반응하여 재빨리 볼이 날아올 방향으로 리시브할 준비를 한다. 스파이크 10개를 연속으로 디그한다.

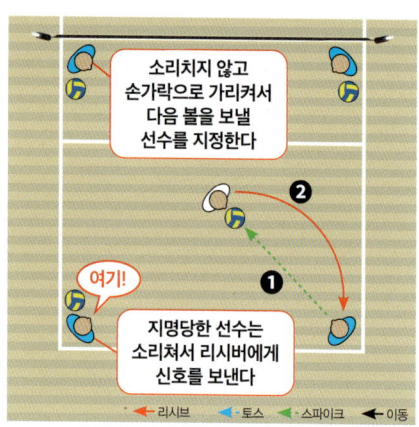

인원수	3명
장소	하프 코트
레벨	중급

MENU 094 리시브
터치 백 디그

목표 디그는 상대의 빠른 템포 공격에 대응해야 한다. 이 연습은 리시버가 상대의 속공에 대응한 다음 어떻게 움직여야 하는지를 익힐 수 있다.

① 네트 가운데에 있는 선수가 먼저 리시버에게 볼을 던진다. 리시버는 볼을 터치하거나 디그한다

② 볼을 터치함과 동시에 스트레이트로 오는 스파이크를 디그할 위치로 이동한다

볼을 터치하고 곧바로 물러나는 것이 포인트다. 그다음 사이드에서 날아오는 스트레이트 스파이크를 디그한다.

조언 퀵 ➡ 사이드 ➡ 퀵 이렇게 교대로 템포가 다른 스파이크가 날아오면 스텝을 의식하는 연습이 된다.

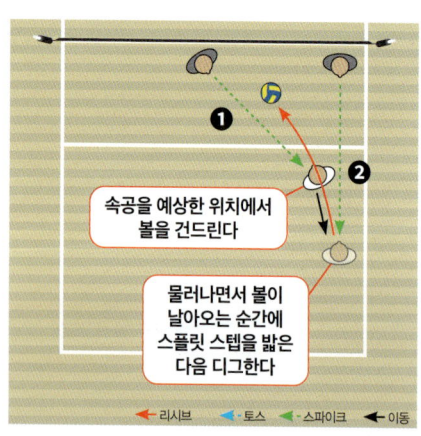

인원수	6명 이상
장소	하프 코트
레벨	초급~중급

MENU 095 [리시브] 디그&세트

목표 상대의 공격을 디그하면 끝나는 것이 아니다. 디그 ⇨ 토스 ⇨ 블로킹 커버 등 늘 다음에 일어날 상황을 예상하고 움직이도록 한다.

1. 리시버 포지션에 2줄로 서서 날아오는 스파이크를 디그하여 코트 가운데의 어택 라인 부근으로 볼을 보낸다

반대쪽 선수와 짝이 되어 움직인다. 디그하여 볼을 보낼 위치를 정하고, 그 위치로 볼을 보낸다.

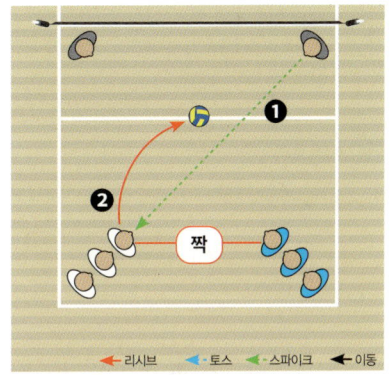

2. 짝인 동료 선수는 어택 라인으로 올라가서 대각선으로 토스를 올린다. 토스를 올리면 바로 원래 위치로 돌아와서 날아오는 스파이크를 디그한다

토스한 다음 디그할 때 너무 서두르지 말고, 정면을 향해 멈춘 다음 디그하도록 하자. 여유가 없으면 토스를 높게 올려서 시간을 벌어도 좋다.

3. 디그로 올라온 볼을 반대쪽 동료가 토스로 연결한다. 그다음 토스를 올린 선수와 ②에서 디그한 선수는 블로킹 커버에 들어간다

아군 팀 공격수가 있다고 생각하며 토스를 올린다. 토스를 올린 선수와 디그한 선수는 올라온 토스를 공격수가 때린다고 상상하고 블로킹 커버 위치로 이동한다. 그다음 ①부터 순서대로 선수를 바꿔서 실시한다.

조언 페어가 아니라 개개인이 디그 1개, 토스 1개를 교대로 하는 방법이다. 블로킹 커버에 들어가지 않고 ③의 토스를 그대로 앞 선수(①에서 볼을 스파이크한 선수)가 스파이크하여 이어가는 방식도 있다.

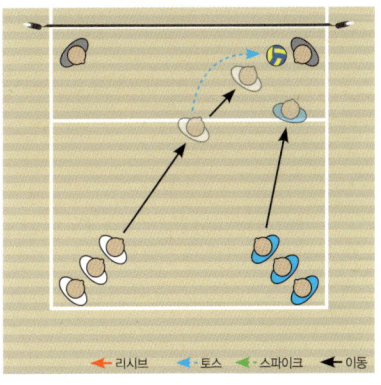

인원수	3명 이상
장소	하프 코트
레벨	중급~상급

MENU 096 리시브
원 볼 디펜스

목표 코트에 1~3명이 리시브하러 들어가고 달려서 간당간당하게 닿을 위치로 날아오는 볼을 순서대로 걷어 올린다. 다음 볼을 받으러 가는 시간이나 강도 등 수준을 고려하여 코트 안의 인원수를 결정한다.

볼을 보내는 선수는 A, B, C 선수 순으로 볼을 보내고, 각 선수는 세터를 향해 리시브한다. 정해진 시간이나 볼 개수가 끝날 때까지 계속한다

조언 오른쪽 그림처럼 코트를 넓게 활용하여 간당간당하게 받을 수 있는 볼을 살리는 연습, 스파이크를 걷어 올리는 연습, 철저하게 패스를 보내는 연습 등 팀이나 개인 과제에 맞춰 실시하자. 그밖에 A가 리시브한 볼을 B가 세팅까지 하는 방법도 있다. 이때는 C가 리시브하면 A가 세팅하는 식으로 2인 1조로 움직인다.

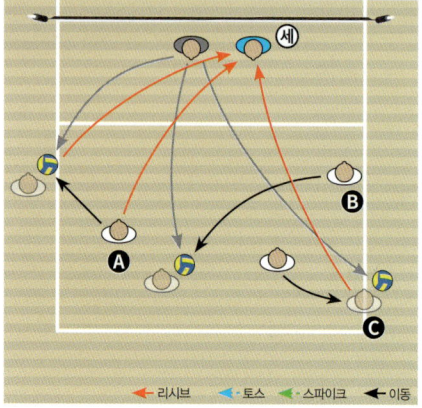

인원수	5명
장소	하프 코트
레벨	중급

MENU 097 리시브
5명 이동 훈련

목표 세터는 1명으로 고정하고 4명이 공격수와 리시버를 교대하면서 랠리를 이어간다. 스파이크와 디그 실력 향상은 물론, 볼을 직접 터치하지 않을 때의 상황 판단과 포지셔닝을 익힌다.

① 1명이 리시버 3명을 향해 스파이크를 때린다

② 리시버 1명이 세터에게 볼을 올리고, 이때 리시브하지 않은 2명은 스파이크를 때린 선수의 옆으로 다가간다

③ 세터는 리시브한 선수에게 토스를 올리고 ①에서 리시브한 선수는 이동한 2명을 포함한 3명 가운데 1명에게 스파이크를 때린다. ①~③을 반복한다

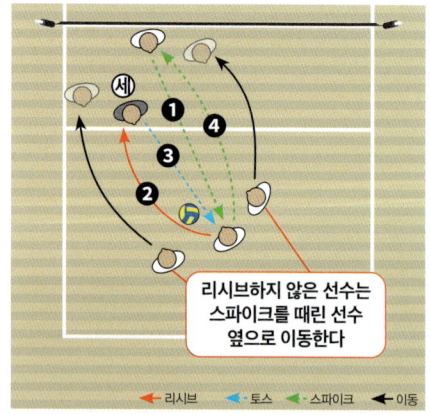

리시브하지 않은 선수는 스파이크를 때린 선수 옆으로 이동한다

인원수	5명 이상
장소	하프 코트
레벨	중급~상급

MENU 098 — 리시브

시트 리시브

> **목표** 코트 한 면에 5명이 들어가서 1명은 스파이크를, 나머지 4명은 수비를 한다. 수비하는 4명은 서로 유기적으로 움직이며 공격수가 때린 스파이크에 반응한다. 시간을 정해 놓고 반복해서 연습하자.

1 전위의 양 사이드에 1명씩, 후위에 3명이 들어간다

2 4명이 어떻게 막을지는 팀 수비 체계에 따라 다르다. 4명 전원이 스파이크에 대비하는 케이스도 있고, 1명은 페인트를 대비하는 경우도 있다

포인트는 전위 선수가 확실하게 내려오는 것(오프 블로커)이다. 이에 따라 후위에 있는 리시버도 내려가 상대 스파이크를 받기 쉬운 위치에 서고, 다른 선수와 겹치지 않는 포지셔닝을 할 수 있다. 익숙해지면 세터가 들어가서 6명이 연습하거나 반대쪽 코트로부터 실제로 공격을 받는 연습도 한다.

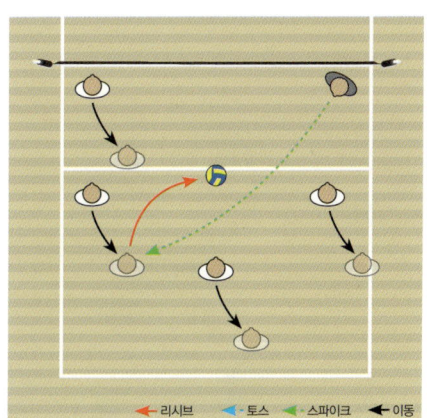

COLUMN

서브 리시브와 디그의 차이를 알아보자

서브 리시브(리셉션)와 디그에 대한 개념이 헷갈릴 수 있으므로 다시 한번 살펴보겠다. 간단하게 말하면 디그는 서브를 제외한 모든 공격을 받는 행위를 가리킨다. 디그는 상대방의 강한 스파이크를 버텨야 하므로 두 다리를 바닥에 단단히 붙이고, 자세를 낮춰 안정적으로 서야 한다. 또한, 디그는 앞에 있는 블로커와 연계하는 것도 중요하므로 볼을 올리는 연습뿐만 아니라 블로커와의 연계도 의식하며 연습한다. 한편, 서브 리시브는 글자 그대로 서브를 받는 행위로써, 디그보다는 움직이기 쉽고, 편안한 자세를 취하는 것이 기본이다. 서브 리시브와 디그 모두 스플릿 스텝을 밟으면 첫발을 내딛기 쉽다.

언뜻 똑같은 리시브 행위처럼 보이지만, 각각 차이를 인식한 다음 연습하여 필요한 기술을 익히도록 하자.

MENU 099

서브 리시브의 기초

서브 리시브의 포인트

① 움직이기 쉽도록 디그보다 좀 더 편한 자세를 취한다

정면에서 볼을 받기 힘들 경우에는 발을 재빠르게 움직여 몸 옆에서 리시브한다

② 상대의 서브 코스와 구질을 재빨리 파악하고 볼이 떨어지는 곳으로 이동한다

자신이 리시브하기 쉬운 위치로 재빨리 이동한다

조언

리셉션이라고도 하는 서브 리시브는 시합을 좌우하는 중요한 플레이 중 하나다. 팀 수준에 따라 다르지만, 서브 리시브를 성공하면 그 후의 랠리에서 득점할 확률이 70%라고 한다. 2점 이상 점수 차이가 나야 승부가 나는 배구는 승리하려면 반드시 브레이크(서브를 넣는 팀이 득점하는 것)가 필요하다. 또한, 사이드 아웃(리시브하는 팀이 득점하는 것)을 계속 따내는 것도 중요하다. 원래는 서브 리시브나 공격을 받아내는 리시브를 모두 '리시브'라고 불렀지만, 현재는 디그, 서브 리시브로 구분해서 표현하는 것이 일반적이다.

☑ CHECK!

볼이 어느 방향으로 오더라도 빠르게 움직일 수 있도록 편한 자세로 준비한다. 중심은 너무 낮지 않게 한다.

4 리시브

> 서브 리시브는 상대가 때린 서브를 받는 기술을 말한다. 아군 팀이 좋은 형태로 공격할 수 있도록 정확하게 세터에게 볼을 올리는 것을 목표로 하자. 대부분 초·중학교 팀은 세터를 제외한 5명 또는 4명이 리시브에 참여하는 수비 체계를 취하지만, 레벨이 올라가면 서브 리시브를 3명이나 2명이 하는 경우도 있다. 리시브를 잘하는 선수는 수비 범위를 넓히는 방법으로 팀에서 역할을 분담해 놓으면 좋다.

③ 리시브할 위치로 이동할 때는 주로 사이드 스텝을 활용한다

④ 팔의 면, 볼, 세터를 시야에 넣으면서 볼을 받으면 안정적으로 랠리를 이어갈 수 있다

> 세터를 향해 팔의 면을 보이면, 세터도 세팅을 준비하기 쉽다

☑ **CHECK!**

상대는 서브를 받기 어렵게 하기 위해 선수들 사이나 라인에 가까운 곳을 노린다. 팀원과 수비 범위를 확실하게 구축하자.

☑ **CHECK!**

서브 리시브를 포함한 리시브는 팔을 휘두르면서 볼을 올린다기보다는 면의 각도(입사각, 반사각)로 볼을 올린다는 것을 인지하며 연습한다.

☑ **CHECK!**

동료가 볼을 터치하는 순간에는 얼굴이나 몸을 향해 어떤 볼이 날아오더라도 대응할 수 있도록 준비한다.

MENU 100

서브 리시브의 기초

아래팔에 볼 끼우기

인원수 2명
장소 제한 없음
레벨 초급

목표 서브 리시브할 때는 날아오는 볼, 자신의 팔, 볼을 보낼 세터의 위치를 시야에 넣는 것이 포인트다. 먼저 서브 리시브의 볼 터치 타이밍을 익히기 위해 날아오는 볼에 타이밍을 맞춰 아래팔 사이에 끼우는 연습을 해보자.

① 리시브 준비 자세를 취하면 볼을 던진다

② 날아오는 볼을 아래팔로 캐치한다

팔꿈치를 가볍게 굽힌다

☑ **CHECK!**
정확하게 볼을 끼울 수 있다면, 볼 터치 타이밍을 맞출 수 있다는 의미다. 반대로 볼이 위나 아래로 빠지면 볼 터치 타이밍이 맞지 않는다는 의미다.

COLUMN

포지션에 얽매이지 않는 것이 중요하다

연습할 때는 선수가 각 포지션에 얽매이지 않는 것이 중요하다. 예를 들어 포지션이 '미들 블로커'라서 리시브나 토스 연습은 필요 없다고 생각해서는 안 된다는 것이다. 물론 학생, 특히 동아리 활동을 하는 짧은 시간에 익힐 수 있는 기술은 한정돼 있지만, 되도록 포지션에 관계없이 배구에 필요한 기술을 모두 익히기 바란다.

그래서 이 책에서는 일부러 포지션별 연습 방법을 소개하지 않았다. 대회에 참가하는 목적에 따라 다르지만, 필자는 팀을 이끌고 국제 대회에 나갔을 때 리베로 전문 선수를 데려가지 않고, 매 시합마다 선수들이 교대하면서 리베로가 되어 달라고 요청한 적도 있다.

모든 선수가 포지션을 고집하지 않고 착실하게 필요한 기술을 익히는 편이 앞으로 크게 성장하는 밑거름이 될 것이다.

MENU 101	(서브 리시브의 기초)

수건/안경 리시브

인원수 2명
준비물 수건, 안경, 폼롤러
레벨 초급

4 리시브

> **목표** 시선이 흔들리는 것을 막고, 시선을 올리거나 턱을 들지 않도록, 또한 팔 위치가 잘 보이는 곳에서 볼을 컨트롤하기 위해 도구를 사용한 서브 리시브를 연습한다.

① 머리에 올린 수건을 떨어뜨리지 않고 리시브한다

② 보이지 않는 안경을 쓰고 위쪽 틈 사이로 볼을 보며 리시브한다

③ 폼롤러를 목에 걸고, 가슴과 두 팔 사이에 끼운 상태로 리시브한다

조언

②는 장난감 안경의 렌즈 부분에 불투명 테이프를 붙이면 된다. 안경으로 볼이 보이지 않게 하고, 턱을 당겨서 안경 위쪽으로 볼을 보는 것이 포인트다. 안경을 쓴 상태에서 턱을 들면 볼이 보이지 않으므로 자연스럽게 시선을 유지할 수 있다. ③은 폼롤러를 팔에 끼워서 팔이 뒤로 밀리는 것을 막고, 늘 시야에 팔이 들어온 상태에서 볼을 컨트롤하는 효과도 있다. 팔을 휘두르지 않고, 빠르게 면을 만드는 연습으로도 활용해 보자.

(서브 리시브)

발놀림&가슴 앞 리시브

인원수	3명 이상
장소	코트 전체
레벨	중급

목표 플로터 서브처럼 변화가 있는 서브를 정면에서 받으려 하면 대응하기 어려울 수 있다. 정면으로 뻗어나오는 서브나 가슴 앞으로 오는 볼에 반응하여 빠르게 발을 움직여 리시브하는 연습을 해 보자.

가슴 앞으로 날아오는 볼은 발을 움직여서 세터에게 팔의 면을 보이며 볼을 올린다

가슴 앞으로 오는 서브는 볼의 진로에서 몸을 비키며 팔 면만으로 리시브한다. 오버핸드로 볼을 받는 선택지도 남겨 둔다.

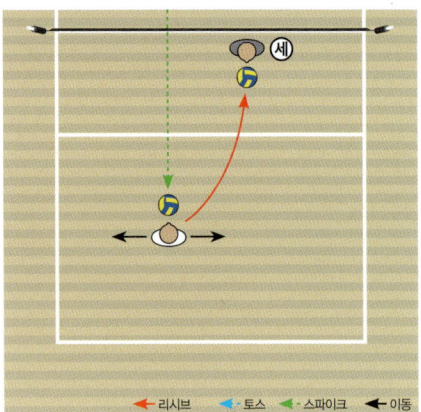

← 리시브 ◀ 토스 ◀·· 스파이크 ◀ 이동

이 연습은 발놀림(스텝)과 몸 움직이는 법을 의식하는 것이 포인트다. 팔 면이 향하는 방향에 따라 볼이 날아가는 방향이 바뀌는 것을 확인하면서 연습한다.

COLUMN

서브 리시브를 연습할 때 볼 보내는 요령

배구 연습에서 볼을 보내는 역할은 굉장히 중요하다. 서브 리시브를 연습할 때 서브를 넣는 선수는 플로터 서브를 할지, 회전을 걸지(드라이브), 상대 정면으로 보낼지, 왼쪽 또는 오른쪽으로 보낼지 등 의도에 따라 볼 보내는 방법을 얼마든지 바꿀 수 있다.

즉, 중요한 것은 이 연습을 통해 리시버가 어떤 기술을 익히고 싶은지를 상의하고 알맞은 볼을 보내는 것이다.

또한, 늘 상대 코트에서 날아오는 서브만 리시브하는 연습을 하면 애당초 원하는 곳으로 서브가 오지 않아 달성하고 싶은 과제에 대한 연습을 못할 수도 있다. 따라서 상대 코트에서 서브할 뿐만 아니라 볼을 던지거나 거리를 좁혀서 볼을 때리는 등 목적에 따라 다양한 방식으로 볼을 보내야 한다.

인원수	9명 이상
장소	코트 전체
레벨	초급

MENU 103   (서브 리시브)
3열 교대하며 서브 리시브

목표 — 많은 인원이 끊임없이 교대하면서 돌거나 1명이 연속으로 서브 리시브 10개를 받으면 교대하는 등 효율적으로 할 수 있는 연습이다.

코트를 세로로 3등분해서, 3코스에서 서브 리시브를 한다. 세터를 향해 리시브하면 자신이 서 있던 줄 끝으로 가서 선다

옆 그룹 서버(그림:서), 리시버(그림:리)와 겹치지 않도록 들어가고, 서브 리시브를 세터에게 올린다.

조언 — 응용 연습으로 리시버를 2명으로 설정하고, 서로 팀워크를 맞추는 연습도 할 수 있다. 또 각 코스의 세터가 서브 리시브한 볼을 토스하고, 리시브한 선수가 스파이크까지 때리는 연습도 할 수 있다.

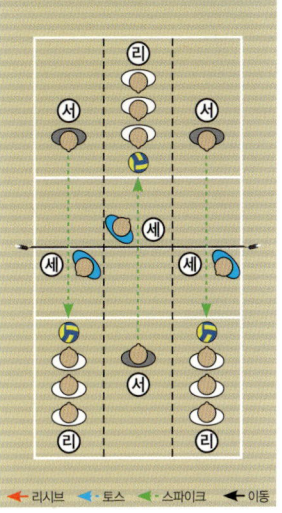

← 리시브　← 토스　← 스파이크　← 이동

인원수	5명
장소	세로 하프 코트
레벨	중급

MENU 104   (서브 리시브)
하프 코트 3명 리시브

목표 — 초급 레벨에서는 5명이 서브 리시브에 참여하는 방법도 있다. 여러 명의 리시버와 팀워크를 높이는 것이 목적이다.

코트를 세로로 나눠서 반쪽을 3명이 지키고, 서브를 누가 리시브할지 순간적으로 판단한 다음 세터에게 볼을 올린다

3명의 배치는 앞에 1명이 오든, 2명이 오든 상관없다. 다양하게 시도해 보고 가장 적합한 수비 체계를 찾아보자. 3명의 팀워크를 단단히 구축하면서 서브 리시브 능력도 향상시킨다.

조언 — 응용 연습으로 세터 없이 1명이 리시브한 다음 다른 2명이 토스와 스파이크까지 연결해 보자.

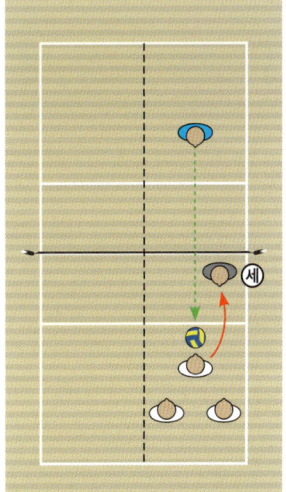

← 리시브　← 토스　← 스파이크　← 이동

(서브 리시브)

서브 리시브 포메이션

인원수 7명
장소 코트 전체
레벨 중급

목표 서브 리시브는 각자 수비 범위를 넓히고, 팀 연계를 심플하게 하기 위해 인원수를 줄이는 경우가 많다. 실전에 가까운 연습을 통해 팀에 적합한 수비 체계를 찾아보자.

센터를 포함한 6명이 코트에 들어가서 로테이션하며 실전에 가까운 형태로 서브 리시브를 연습한다.

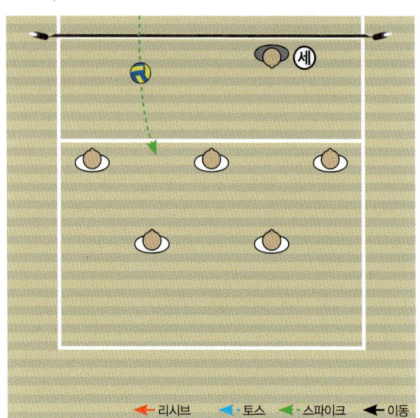

조언 서브 리시브만 연습할 수도 있지만, 서브 리시브에서 공격으로 연결하는 연습도 실력 향상에 효과적이다. 서버도 어디를 무너뜨리고 싶은지 생각하면서 서브하면 서로의 실력을 높이는 연습이 된다.

COLUMN

서브 리시브는 팀워크가 중요하다

서브 리시브에서 자주 범하는 실수는 선수들 사이로 들어온 볼을 서로 마주보거나 반응이 늦어 처리하지 못하는 것이다. 이를 방지하려면 어느 쪽이 볼을 잡을지 미리 정해 놓아야 한다. 어떻게 정할지는 팀이나 선수에 따라 다른데, 한 예로 두 사람 사이로 들어오는 볼은 오른쪽 선수가 받기로 결정해 놓는 방법도 있다. 또 서브 종류에 따라 리시브하는 위치를 바꾸는 것도 중요하다. "짧은 서브가 온다" 등 늘 크게 소리쳐 동료들과 소통하며 좌우 수비 팀워크를 만들어가자.

(서브 리시브)

20번 연속 서브 리시브 or 디그

인원수 4명
준비물 받침대
레벨 중급~상급

목표 차례로 날아오는 볼을 되도록 제자리에서 움직이지 않고 리시브한다. 자연스럽게 무게 중심을 이동하고, 빠르게 팔로 면을 만들어 볼을 컨트롤한다.

받침대 위 2곳에서 교대로 날아오는 볼을 리시브로 세터에게 올린다

20번 연속으로 연습한다. 서브(볼)를 때리는 쪽은 일정한 템포를 유지하면서 때린다. 서브 리시브(디그)하는 쪽은 늘 볼이 날아오는 방향으로 몸 정면이 오도록 스텝을 활용해 준비한다.

일정한 템포로 날아오는 볼을 받으려면 리시브하는 선수가 빠르게 준비(빠르게 움직이면서 팔로 면 만들기)해야 한다. 연습을 반복하다 보면 조금씩 편하게 힘을 뺀 폼이 몸에 익을 것이다. 과제에 따라 연습 볼 개수·리시브로 볼 올리는 위치나 거리·받침대 위치를 바꾼다.

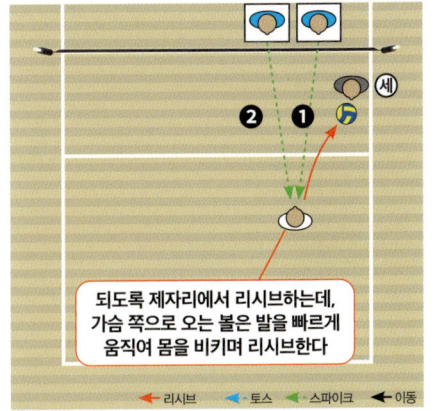

되도록 제자리에서 리시브하는데, 가슴 쪽으로 오는 볼은 발을 빠르게 움직여 몸을 비키며 리시브한다

← 리시브 ← 토스 ← 스파이크 ← 이동

MENU 107 (서브 리시브)

좌우 사이드 스텝 연속 리시브

인원수 4명
준비물 받침대
레벨 중급~상급

목표 2m 간격으로 받침대를 놓고 그 위에서 좌우 교대로 날아오는 서브에 반응해 사이드 스텝으로 좌우로 움직이며 리시브하는 동작을 반복한다. 부지런히 발을 움직이고 몸을 움직여 리시브하는 감각을 기른다.

서브를 때리는 선수 사이의 간격은 2m 정도다. 똑바로 날아오는 서브를 사이드 스텝으로 움직이며 리시브한다

사이드 스텝을 확실하게 밟고, 움직이기·멈추기·리시브하기를 반복한다. 어려운 경우에는 네트를 사이에 두지 말고 가까운 거리에서 실시하자. 익숙해지면 점점 거리를 벌리면서 최종적으로 일반적인 서브를 받는다.

코트를 세로로 반을 나눠서 2곳에서 동시에 연습할 수 있다. 인원이 부족한 경우 서버 1명이 좌우 교대로 때리는 것도 가능하다.

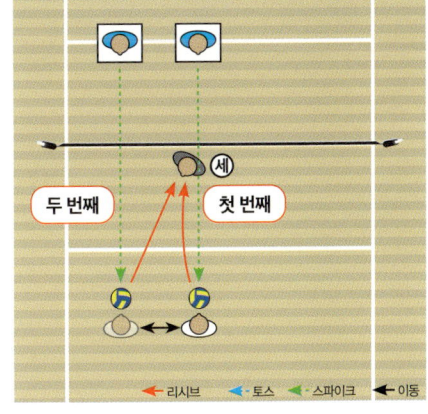

두 번째 / 첫 번째

← 리시브 ← 토스 ← 스파이크 ← 이동

COLUMN

볼이 아니라 사람을 보자

지도자는 연습할 때 의도와 목표를 가지고 볼을 보내면서 선수의 움직임을 관찰하는 것이 중요하다. 이것은 눈에 보이는 움직임뿐만 아니라 눈에 보이지 않는 선수 내면의 움직임과 동료 선수들과의 팀워크도 포함된다.

배구는 볼을 잡지 못하는 동시에 전개가 굉장히 빠른 스포츠다. 누군가가 볼을 터치한 후에 다음 사람이 볼을 터치할 때까지의 시간을 크게 바꿀 수 없다. 즉, 누군가가 리시브한 볼의 높이가 5m라고 하면, 그 5m 높이에서 떨어지는 볼을 다음 사람이 터치하기까지의 시간이 몇 초인지는 정해져 있으며 그 짧은 시간 안에 판단하고, 준비하고, 결단을 내리고, 행동으로 옮기는 과정을 되풀이하는 것이 배구다.

그러나 이런 빠른 전개 속에서도 지도자는 볼에서 눈을 떼고, 볼 외의 중요한 정보를 읽어내야 한다. 즉, 결과물인 볼이 아니라 볼을 다루는 선수의 움직임을 쫓고, 선수의 발전을 위한 최선의 조언을 해주는 작업이 필요하다.

이때 가장 중요한 것은 각 선수들의 평소 발언에 귀를 기울이고, 사고방식과 행동을 관찰하면서 그들이 어떤 생각을 하는지, 어떻게 성장하고 싶은지를 꾸준히 소통하며 팀 내에서 공유하는 것이다.

또한, 팀 내에서는 지도자와 선수라는 관계에 그치지 말고, 팀을 함께 만들어가는 동료로서 관계 맺기를 해 보자. 그렇게 하다 보면 언젠가는 선수 스스로가 자신을 코칭(셀프 코칭)할 수 있게 된다. 이상적인 모습은 코트 안에 선수 겸 코치가 6명 있는 팀이다.

물론, 배구를 갓 시작한 단계에서는 모르는 것과 못하는 것이 많아 지도자의 지도가 필요하겠지만, 배운 것을 팀 내에서 공유하고 서로 가르쳐 주는 것을 당연히 여기는 분위기를 만들면 팀은 매우 빠르게 성장할 것이다.

제 5 장

어택

점수를 따내기 위한 공격 기술과 연습 방법을 알아보자. 또한, 상대 팀 블로킹과 겨루거나 상대 팀 수비를 확인한 후에 가장 적합한 공격을 할 수 있는 방법도 소개한다.

MENU 108

어택의 기초

어택의 포인트

① 토스로 올라온 볼을 향해 타이밍 맞춰 높이 점프한다

② 최대한 힘이 실리는 포지션에서 볼을 때린다

조언

공격수(스파이커)는 공격할 때 어느 코스로 어떤 공격을 넣을지 순간적으로 결정해야 한다. 강타만 날리면 상대에게 공격을 읽혀서 블로킹이나 리시브에 막히게 된다. 페인트나 푸시, 블로킹 아웃 같은 기술도 섞어 다채로운 공격을 펼치자.

☑ **CHECK!**

어느 방향, 깊이로 발을 내디디는 것이 가장 도약하기 편하고 때리기 쉬운지 다양하게 시도해 보자.

☑ **CHECK!**

스파이크는 기본적으로 어깨 앞쪽에서 볼의 중심보다 조금 위쪽을 손목 스냅을 사용해 때린다.

서브와 블로킹을 제외한 모든 공격을 어택이라 하는데, 그중에서도 자신의 몸을 공중에 띄우고, 높은 타점에서 상대 코트로 강하게 볼을 때려 넣는 기술을 스파이크라고 한다. 어택을 구성하는 스텝, 공중 동작, 스윙을 먼저 익히고, 이들을 조합하는 방식으로 연습하자. 스파이크는 되도록 높은 타점에서 볼을 때리기 위해 점프의 최고 도달점보다 조금 빠른 타이밍에 스윙을 시작하는 것이 포인트다. 스파이크 외에도 페인트나 푸시처럼 강타를 하지 않는 어택도 있다.

3. 어떤 상황에서도 득점을 따내기 위해 센터와 합을 맞춘 공격을 짠다

4. 상대 블로킹을 따돌리거나 이용하는 공격도 익힌다

✓ CHECK!

센터는 아군 팀 공격수가 어떤 공격을 잘하고 어떤 토스를 원하는지 파악해야 한다.

✗ NG

뛰는 위치나 타이밍이 어긋나면 강력한 스파이크를 때릴 수 없다. 원하는 토스를 센터에게 전달하고, 토스의 높이나 네트와의 거리가 조금 달라도 수정할 수 있는 도움닫기를 익히는 것이 중요하다.

MENU 109 `스파이크의 기초`

벽 옆에서 스윙하며 3가지 히트 포인트 익히기

인원수	2명
장소	벽이 있는 곳
레벨	초급

목표 스윙할 때 오른쪽(왼손잡이는 왼쪽) 팔꿈치가 열리지 않게 하기 위한 동작 만들기와 교정이 목적이다. 위, 중간, 앞 3가지 히트 포인트(타점)를 의식해서 스파이크의 장단점을 구분해 사용할 수 있도록 한다.

1 벽 옆에 서서 오른손(왼손잡이는 왼손)을 휘두른다

2 팔꿈치가 벽에 닿지 않도록 스윙한다

3 정면에서 날아오는 볼을 위, 중간, 앞 3곳의 히트 포인트에서 때린다

벽에서 어깨까지 거리는 20~30cm

위 / 중간 / 앞

 MENU 110 `스파이크의 기초`

수건 던지기 (크로스, 이너, 스트레이트)

인원수	1명
준비물	작은 수건
레벨	초급

목표 크로스, 이너, 스트레이트를 자유롭게 구사하기 위해 옆쪽의 히트 포인트 3곳을 수건 던지기로 익힌다. 이 메뉴는 레프트에서 스파이크하는 경우의 코스 연습이다.

1 크로스는 수건을 똑바로 던진다

2 이너는 오른쪽(왼손잡이는 왼쪽) 어깨를 앞으로 내밀며 수건을 던진다

3 스트레이트는 어깨를 열지 않고, 왼쪽 눈 앞쪽으로 수건을 던진다

왼손(왼손잡이는 오른손)을 확실하게 당긴다

엄지손가락이 허벅지 바깥쪽에 온다

왼쪽(왼손잡이는 오른쪽) 어깨를 재빨리 연다

오른손(왼손잡이는 왼손)이 가슴 앞에 온다

인원수	1명
준비물	고무줄, 볼
레벨	초급

MENU 111 　스파이크의 기초
무릎 세우고 앉아서 스파이크

목표 스윙할 때 오른쪽(왼손잡이는 왼쪽) 팔꿈치가 앞으로 나오거나 내려가는 선수가 있는데 이는 잘못된 동작이다. 고무줄에 걸리지 않도록 앞에서 날아오는 볼을 때리면서 스윙 궤도와 폼을 교정한다.

① 고무줄 앞에 무릎을 세우고 앉는다
② 고무줄에 걸리지 않도록 스파이크한다
③ 일어선 상태에서도 똑같이 연습한다

- 팔꿈치는 뒤로 당긴다
- 반대쪽 손은 높이 앞으로 뻗는다
- 어깨 부근을 기준으로 고무줄을 설치한다
- 고관절을 회전한다
- ①과 마찬가지로 어깨 부근에 고무줄을 설치한다

인원수	2명
장소	6~9m
레벨	초급

MENU 112 　스파이크의 기초
볼 던지며 스윙

목표 볼을 던지며 스윙을 익힌다. 볼을 던질 때는 90도 옆을 향한 상태에서 체중 이동, 몸 회전, 스윙 3가지를 활용해 움직인다. 몸동작이 익숙해지면 볼을 던져 올린 다음 스파이크로 때린다.

① 약 6m 정도 떨어져서 2명이 캐치볼을 한다
② 체중 이동과 몸 회전을 의식하면서 던진다
③ 볼을 던져 올린 다음 같은 동작으로 스윙한다

인원수	2명
장소	코트 전체
레벨	초급

MENU 113 · 스파이크의 기초

5번 연속 스윙

목표 일정한 리듬과 안정된 자세로 스파이크 때리는 감각을 익히는 연습이다. 네트에서 1m 정도 떨어져서 어깨 부근으로 날아오는 볼 5개를 계속 스파이크로 때린다.

1 네트에서 1m 떨어진 위치에 선다

2 네트 아래 쪽으로 볼 5개를 연속으로 때린다

네트에서 1m

☑ **CHECK!**

볼을 연속으로 때리려면 신속하게 테이크백(팔을 뒤쪽으로 당기는 동작)하고, 정확하게 팔을 휘둘러야 한다. 스윙과 히트 포인트를 확인하면서 연습하자.

인원수	1명
장소	제한 없음
레벨	초급

MENU 114 · 스파이크의 기초

팔을 휘두르며 일어나기

목표 백스윙의 위력을 높이는 동시에 점프력을 향상시키는 연습이다. 무릎을 꿇고 앉은 자세에서 팔을 휘두르는 힘으로 몸을 끌어올리며 일어난다. 팔꿈치를 빨리 올리는 것이 포인트다.

1 무릎을 꿇고 앉은 자세에서 두 팔을 뒤로 높이 들어 올린다

2 팔을 재빨리 앞으로 가져간다

3 팔 휘두르는 힘을 활용해 일어난다

팔을 앞으로 빠르게 휘두른다

MENU 115 〔스파이크의 기초〕

스파이크 스텝 훈련

인원수	1명
장소	테니스볼, 아동용 훌라후프 등
레벨	초급

목표 스파이크 도움닫기 연습이다. 바닥에 훌라후프 등으로 표시해서 어느 발로 어느 정도의 거리를 뛸지 익힌다. 마지막에는 점프해서 네트 반대쪽으로 볼을 던진다.

1 오른손(왼손잡이는 왼손)으로 볼을 잡는다. 표시를 따라 오른발을 한 발 내디딘다

☑ **CHECK!**
오른손잡이는 오른발부터, 왼손잡이는 왼발부터 내디딘다. 자신에게 가장 알맞은 보폭의 감각을 익힌다.

테니스볼을 잡는다 / 첫발

2 왼발로 두 번째 걸음을 내디딘다

☑ **CHECK!**
스피드와 위력을 붙여 발을 힘차게 구르면 높이 점프할 수 있다.

두 번째 걸음으로 힘차게 발을 내디딘다

3 두 다리로 최대한 높이 뛰어오른다

☑ **CHECK!**
두 팔을 크게 뒤로 당겼다가 앞으로 휘두르는 타이밍에 맞춰 몸을 끌어올려 높이 점프한다.

두 발을 동시에 힘차게 내딛는다

4 공중에서 반대쪽 코트의 엔드 라인을 노리며 볼을 던진다

☑ **CHECK!**
익숙해지면 코스, 볼을 던지는 거리를 바꾸는 등 다양한 방식으로 실시한다.

MENU 116 어택 — 퍼스트 템포의 포인트

인원수	2명
장소	코트 전체
레벨	초급

목표 세터가 토스를 올리기 전에 도움닫기를 시작(퍼스트 템포)하는 속공(퀵) 연습이다. 토스가 올라오는 위치에 맞춰 들어갈 곳을 정한 다음 점프해서 볼을 때리는 감각을 익힌다.

① 다양한 각도에서 ② 위치로 들어간다

② 세터로부터 50㎝~1m 떨어진 위치에서 발을 디딘다

③ 점프해서 날아오는 볼을 때린다

점프를 뛰기 위한 팔의 스윙과 테이크백까지가 일련의 동작이 된다

볼이 가장 높이 떴을 때 때릴 수 있도록 한다

COLUMN

템포의 차이를 살펴보자

공격할 때 중요한 것은 '템포'다. 템포란 공격수가 도움닫기 동작을 시작하는 타이밍을 말하는데, 주로 3가지로 나뉜다.
'퍼스트 템포'는 가장 빠른 공격으로 공격수가 세터의 토스(세트 업)보다 먼저 도움닫기를 시작하는 것이 특징이다. 상대 수비가 정비되기 전에 스파이크를 때린다.
'세컨드 템포'는 세터의 토스와 동시에 도움닫기를 시작하는 공격이다.

'서드 템포'는 세터의 토스를 확인한 다음 도움닫기를 시작하는 공격으로 오픈 공격이라고도 한다. 충분한 도움닫기로 자신의 타이밍에 맞춰 스파이크를 때릴 수 있는 반면, 상대 수비가 정비되어 있기 때문에 볼 컨트롤 능력과 파워가 필요하다.
각 템포를 반복 연습하여 다양한 공격을 할 수 있도록 하자.

MENU 117 [어택] 자신이 토스를 올리고 스파이크

인원수 1명
장소 코트 전체
레벨 중급

목표 자신이 직접 토스를 올리고 스파이크한다. 타이밍 맞춰 볼을 강하게 때리면서 스파이크 정확도를 향상시킨다. 점프 드라이브 서브(메뉴 056) 연습도 된다.

① 한 손으로 토스를 올리며 도움닫기에 들어간다
② 타이밍 맞춰 점프한다
③ 온몸의 탄력을 활용하여 볼을 강하게 때린다

MENU 118 [어택] 블로커를 따돌리고 스파이크

인원수 2명 이상
장소 코트 전체
레벨 중급

목표 메뉴 116의 응용으로, 도움닫기로 들어간 위치에서 좌우로 점프하여 블로커를 따돌리는 연습이다. 실제로 블로커를 세워두고 세터와 함께 연습해 보기도 한다.

① 도움닫기로 들어간 위치에서 옆으로 흐르듯이 점프한다
② 블로커를 따돌린 후 스파이크를 때린다

☑ CHECK!
퍼스트 템포의 도움닫기로 들어간 위치에서 좌우로 점프하여 블로커가 따라오지 못하게 한 후에 볼을 때린다. 속공할 때뿐만 아니라 사이드에서도 좌우로 점프하면서 때려보자.

MENU 119 어택

세컨드 템포 스파이크

인원수	2명 이상
장소	코트 전체
레벨	초급

 전위에서 세터가 토스를 올리는 것과 동시에 도움닫기를 시작(세컨드 템포)하는 공격을 익힌다. 다음 단계로 후위(백어택)에서 세컨드 템포 공격을 시도하는 연습도 한다.

① 날아오는 볼에 맞춰 도움닫기를 시작한다

② 타이밍 맞춰 점프하고, 최대한 강한 스파이크를 때린다

처음에는 블로커가 없는 상태에서 연습해도 좋다

MENU 120 어택

서드 템포(2단 토스) 스파이크

인원수	2명
장소	코트 전체
레벨	초급

 2단 토스(하이 세팅)를 자신있게 때리는 연습이다. 다양한 위치에서 올라오는 토스를 자신이 때리기 좋게 위치를 잡고 도움닫기한 다음 때린다. 볼은 강하고, 길게, 상대 코트 깊숙한 곳을 노린다.

① 토스가 올라오는 방향을 본다

② 볼을 때리기 좋은 곳으로 들어가 점프하며 스파이크한다

시선은 볼

☑ **CHECK!**

볼을 잘 보고, 타이밍 맞춰 점프한다. 여유가 있다면 상대 코트를 보고, 수비 태세를 확인한 다음 토스가 올라오는 방향을 본다. 네트에서 10~15cm 위에 고무줄을 걸고, 그 위를 통과하도록 볼을 때리면 블로킹에 잘 막히지 않으면서 강하고 긴 스파이크를 할 수 있다.

| MENU 121 | | # 5곳에서 올라오는 2단 토스 스파이크 | 인원수 6명
장소 코트 전체
레벨 중급 |

목표 2단 토스가 반드시 공격수가 때리기 좋은 곳으로 올라오는 것은 아니다. 따라서 볼이 어디로 오든지 깔끔하게 때릴 수 있도록 도움닫기하자. 강타가 어려운 경우에는 연타나 리바운드도 공격 패턴에 넣도록 하자.

5곳에서 올라오는 2단 토스를 때린다

다양한 위치에서 순서대로 올라오는 볼을 기다리는 각도(가능하면 90도 이상의 각도)를 바꿔서 자신이 때리기 쉬운 상태로 만드는 것이 중요하다. 그다음 자신과 네트 사이에 볼이 오는 위치로 도움닫기해서 때린다. 볼을 때리면 재빨리 물러나서 다음 볼을 기다리는 자세를 취한다.

조언

2단 토스는 올리는 순서를 정해 놓고, 각각 볼을 때리기 편한 각도나 위치로 도움닫기하여 스파이크한다.

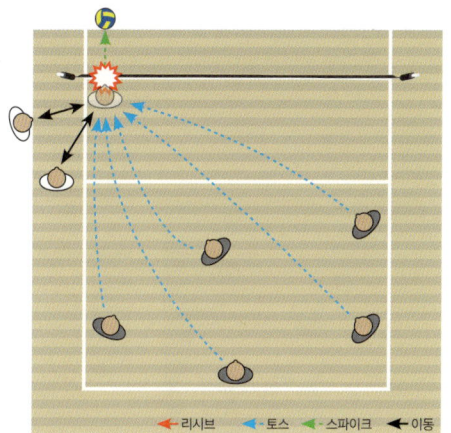

← 리시브　← 토스　← 스파이크　← 이동

COLUMN

2단 토스(하이 세팅) 기술을 갈고닦자

리시브가 불안정하게 되어 세터의 정위치에서 멀리 떨어진 볼을 공격수에게 연결하기 위한 토스를 2단 토스(하이 세팅)라고 한다.

공격수는 볼이 오는 방향과 세팅하는 선수가 그때그때 다르기 때문에 타이밍을 맞추기가 어렵다.

배구는 공격 기회를 얼마나 늘릴 수 있는지가 승부의 열쇠이기 때문에 세터가 아닌 선수도 2단 토스를 정확하게 올리는 연습을 실시하는 것이 좋다.

또한, 공격수는 2단 토스를 확실하게 득점으로 연결할 수 있도록 기술을 연습하자.

2단 토스는 반드시 높은 볼일 필요는 없다. 높은 토스라는 의미로도 사용하는 하이 세팅과는 의미가 조금 다르다는 점도 알아두면 좋다.

MENU 122	어택	인원수 2명
	원 레그 스파이크	장소 코트 전체
		레벨 중급

목표 옆으로 올라오는 토스를 따라 자신도 코스 안쪽에서 바깥쪽으로 이동하면서 한 발로 점프하여 스파이크를 때린다.

1 토스를 보면서 달려간다

2 한 발로 볼을 향해 뛰어오른다

3 최대한 높은 타점에서 스파이크를 때린다

발을 구르며 테이크백 타이밍을 맞춘다
왼쪽 다리로만 디딘다

몸을 이동하면서 점프하므로 안전하게 착지하도록 하자

MENU 123	어택	인원수 2명
	3번 연속 세로로 이동하며 스파이크	장소 코트 전체
		레벨 중급

목표 다양한 위치로 올라오는 볼에 확실하게 타이밍을 맞추고, 컨트롤도 유념하면서 볼 3개를 연속으로 스파이크 한다.

'어택 라인 뒤쪽', '어택 라인 1m 앞', '네트 앞' 순으로 연속해서 올라오는 볼 3개를 때린다

두 발로 착지할 때 균형이 무너지지 않도록 한다. 네트에서 멀어지는 반대 패턴도 연습한다. 볼을 보내는 선수는 네트 반대쪽에서 손으로 볼을 올리고, 이후에는 토스하는 형식으로 실시한다.

조언 응용 연습으로 좌우에서 불안정하게 올라오는 토스를 타이밍 맞춰 때리는 연습도 한다.

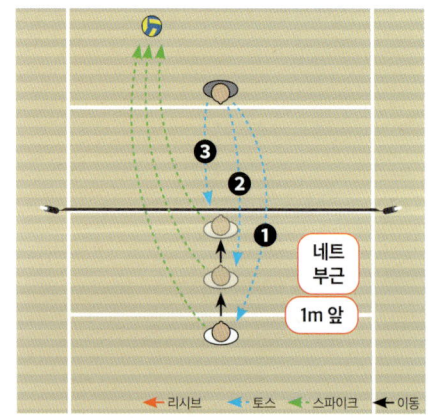

3번 연속 가로로 이동하며 스파이크

인원수	2~4명
장소	코트 전체
레벨	중급

목표 메뉴 123의 3번 연속 스파이크를 가로로 이동하면서 실시한다. 레프트, 센터, 라이트 순으로 때리는 것을 기준으로 반대 방향으로도 연습한다. 스파이크를 때린 다음에는 곧바로 물러나서 도움닫기 거리를 확보하는 것이 중요하다.

'레프트', '센터', '라이트' 순으로 올라오는 볼을 때린다

볼 1개를 때리자마자 물러나서 도움닫기 거리를 확보하고, 다음 스파이크를 준비한다. 두 발로 착지할 때 균형이 무너지지 않도록 한다. 볼을 보내는 선수는 손으로 던지는 것으로 시작해 이후에는 토스를 올리는 형식으로 발전시키는 것이 좋다. 또한, 공격수를 늘리거나 계속 돌아가면서 연습하는 경우에는 세터가 3명 들어가서 각 장소에서 수직 토스를 올리는 것도 좋다.

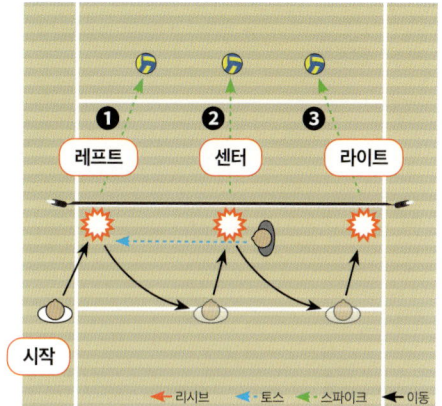

코스를 바꾸며 3번 연속 스파이크

인원수	2명
장소	코트 전체
레벨	중급

목표 같은 위치에서 볼 3개를 스트레이트, 크로스, 이너로 때리는 연습이다. 어느 포지션에서도 코스를 구분해서 때릴 수 있도록 연습한다.

'스트레이트', '크로스', '이너'를 구분해서 3번 연속 스파이크한다

볼을 보내는 선수는 처음에는 네트 건너편에서 시작한다. 볼을 구분해서 때릴 수 있게 되면 공격수의 옆에서 볼을 보낸다. 네트에 표시를 해두거나 안테나나 아쿠아 봉 등을 달아서 스파이크 코스를 알아보기 쉽게 하면 좋다.

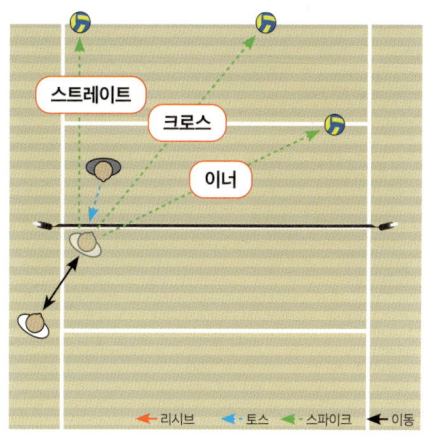

| MENU 126 | 어택 **페인트·푸시·롤 숏** | 인원수 3~4명
장소 코트 전체
레벨 중급 |

목표 강한 스파이크를 비롯해 페인트나 푸시, 롤 숏 등 공격 패턴을 늘린다. 긴 코스로도 볼을 컨트롤해서 떨어뜨릴 수 있도록 한다. 상대 블로커를 붙여서 연습하면 더욱 효과적이다(사진 속 모델은 왼손잡이니 참고하자).

1 강한 스파이크를 때릴 생각으로 도움닫기에 들어간다

☑ **CHECK!** 미리 볼에서 눈을 떼고 상대 수비를 확인한다.

2 빈공간으로 볼을 떨어뜨리는 페인트를 연습한다

☑ **CHECK!** 볼을 때리기 직전에 힘을 빼고 손가락으로 가볍게 건드린다.

3 볼을 밀어넣는 푸시를 연습한다

☑ **CHECK!** 손가락으로 볼을 건드리는데, 팔꿈치를 뻗은 채로 볼을 밀어 넣는다.

4 볼에 회전을 걸어서 때리는 롤 숏을 연습한다

☑ **CHECK!** 볼을 때리는 순간에 팔꿈치에 힘을 빼고, 볼 위로 손을 올려 드라이브 회전을 건다.

MENU	인원수 3~4명
127 리바운드	준비물 리턴 보드
	레벨 중급

목표 스파이크와 같은 공격으로 득점하기 어려운 상황일 때, 상대 블로커에게 일부러 볼을 맞혀 팀의 전열을 가다듬은 후에 다시 공격하기 위한 기술을 익힌다.

① 올라온 볼을 리턴 보드에 맞힌다

② 튕겨 나온 볼을 자신이 리시브한다

③ 곧바로 물러난 다음 다시 도움닫기하여 볼을 때린다

몸을 숙이며 시간을 벌고 낮은 위치에서 리시브한다

도움닫기할 수 있는 거리까지 네트에서 물러난다

MENU	인원수 3명
128 블로킹을 확인한 다음 스파이크	준비물 아쿠아 봉 등
	레벨 중급

목표 아쿠아 봉 2개를 블로킹 역할로 세워 놓고, 볼과 블로킹 위치를 파악한 다음 코스를 순간적으로 판단해서 볼을 때리는 연습이다. 리시버가 들어가서 훈련하면 블로킹과 디그를 연계하는 연습도 된다.

① 손으로 던진 토스에 맞춰 도움닫기를 한다

② 점프하면서 블로킹을 시야에 넣는다

③ 블로킹이 내려간 쪽으로 스파이크를 때린다

왼쪽이 비었네!

발 구르는 타이밍에 맞춰 한쪽을 내린다(또는 올린다)

MENU 129	어택 **블로킹 아웃**	인원수 3~4명 준비물 리턴 보드 레벨 상급

목표 상대 블로커를 이용해 득점을 올리는 블로킹 아웃 기술을 갈고닦는다. 블로킹 아웃을 성공하게 되면 상대 블로커에게 심리적인 데미지를 줄 수도 있다.

① 리턴 보드를 고정한다

② 리턴 보드의 가로세로 가장자리를 겨냥해서 때린다

판의 위쪽이나 옆쪽 가장자리를 노리고 때린다

☑ CHECK!

리턴 보드의 세로 가장자리는 블로커의 손끝, 가로 가장자리는 팔이나 손가락 바깥쪽이라고 여긴다. 이후에는 실제로 블로커가 들어가는데, 이때는 스파이크, 블로킹 아웃, 리바운드 등 다양한 공격 패턴을 고려하며 실시한다. 수비 입장에서는 블로킹과 디그를 연계하는 연습도 된다.

MENU 130	어택 **블로킹한 다음 스파이크**	인원수 3명 장소 코트 전체 레벨 중급

목표 상대 공격을 블로킹한 다음 최대한 빠르게 물러나서 공격에 가담하는 연습이다. 블로킹 후 착지할 때 볼에서 눈을 떼고 상대 수비 태세나 포지션 같은 정보를 파악한다. 그다음 다양한 템포와 여러 장소에서 스파이크를 넣는다.

① 블로킹하기 위해 뛴다

② 재빨리 물러나면서 상대 팀 상황을 파악한다

①의 볼이 아니라 세터가 새로운 볼을 던진다

③ 다양한 템포로 공격한다

①에서 볼을 보낸 선수가 블로킹해도 된다

MENU 131 어택

코스 지정 VS 리시브

인원수	3명 이상
장소	코트 전체
레벨	상급

목표 9개로 나뉜 코스를 겨냥해 스파이크를 때린다. 상대 코트의 상황을 파악한 다음 효과적인 공격 패턴을 구사하는 능력을 기른다. 즐겁게 심리전을 즐기며 훈련하자.

9구역으로 나눈 코트에 리시버가 들어가고 목표로 한 코스에 스파이크를 때린다

분할된 코트에 목표 지점을 정한 후 세터가 올려준 토스를 그곳으로 때린다. 리시버는 1~3명이 들어가서 그 인원으로 대응할 수 있는 수비 위치를 정한다. 블로커 1명을 추가하거나 목표 지점을 한정하는 등 수준에 맞춰 자유롭게 조건을 정해도 좋다.

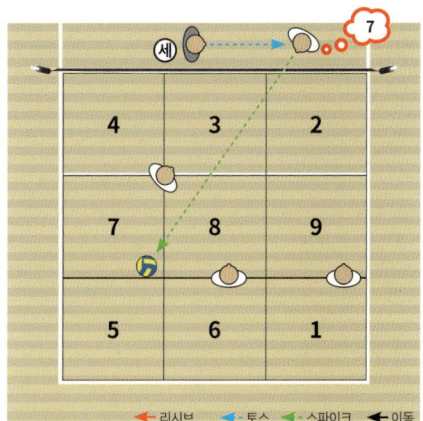

조언
레프트에서 ①④⑤⑥⑦ 중 한 곳에 노터치로 볼이 들어가면 공격수가 이기고, 리시버는 바닥에 볼이 닿기 전에 볼을 터치하거나 디그하면 이기는 등 규칙을 만들어 게임 형식으로 실시하면 재미있게 할 수 있다.

MENU 132 어택

서브 리시브한 다음 스파이크

인원수	3명 이상
장소	하프 코트
레벨	중급

목표 서브 리시브나 디그를 한 다음 바로 공격에 가담하는 동작을 익히는 연습이다. 철저하게 수비한 다음 빠르게 공격으로 전환한다.

리시브하자마자 도움닫기하며 들어가 스파이크를 때린다

처음에는 컨트롤하기 쉬운 서브나 스파이크를 받는 것부터 시작한다. 이후에는 난도가 높은 볼을 받은 후에 공격에 가담한다. 리시브가 조금 불안정해도 공격으로 연결할 수 있어야 한다.

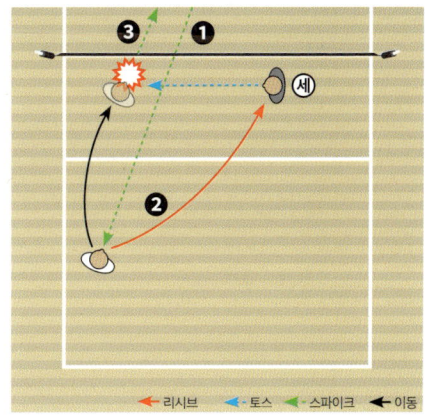

조언
배구 연습은 어디를 강화하고 싶은지 목표를 명확하게 정하는 것이 중요하다. 서브 리시브나 디그한 볼을 스파이크로 연결하는 것이 어려운 경우에는 리시브한 다음 다른 볼로 토스를 올려주는 방식으로 실시하자.

MENU	어택	인원수	5명 이상
133	찬스볼 공격	장소	코트 전체
		레벨	초급~상급

목표 세터와 호흡을 맞춰 공격의 정밀도를 올리는 연습이다. 세터는 공격의 선택폭이 늘어난 가운데 상대 팀의 수비 태세를 보고, 결정력을 높일 수 있는 판단을 한 다음 정확한 토스를 공격수에게 올려야 한다.

세터는 전위에서 움직이지 않고, 공격수와 다양한 공격을 정교하게 맞춰본다

처음에는 전위에 2명, 리시버 1명으로 시작하고, 서서히 공격 인원수를 늘려간다. 즉, 이후에는 세터와 동료 3명이 공격하고, 후위를 더 늘려서 백어택 공격도 시도한다. 또한, 상대 팀 코트에 블로커를 세우는 등 다양한 상황을 만들고, 이를 공략해 가면서 세터와 공격수의 공격 패턴을 늘리고, 정확도를 향상시킨다.

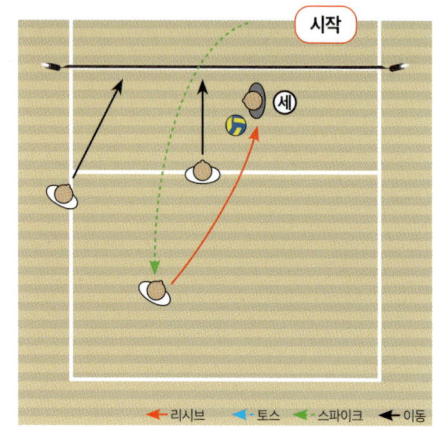

COLUMN

슬롯을 이해하고 공격을 수적으로 유리하게 만든다

'슬롯'은 어택 라인 안의 코트를 오른쪽 그림처럼 1m 간격으로 9등분하고 코트 위의 공간 위치를 표시한 것이다. 이는 스파이크를 어느 슬롯 위치에서 때릴지 세터와 공유하기 위해 사용한다.
슬롯을 의식하면 상대 블로커의 위치 파악과 어떤 방식으로 공격하는 것이 좋을지 생각하는 데 많은 도움이 된다.
블로킹 전술(메뉴 136)이나 다양한 블로킹 스킬과 함께 꼭 활용해보기 바란다.

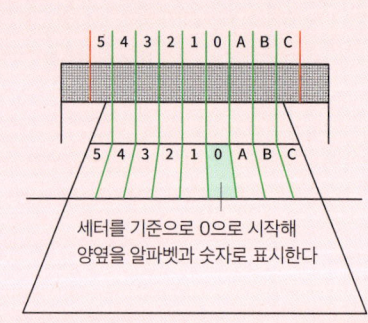

제 **6** 장

블로킹

상대의 공격을 막고 득점으로도 이어질 수 있는 블로킹은 공격 수단이기도 하다.
개인 블로킹뿐만 아니라 뒤쪽에 있는 리시버와 연계하면서
팀으로서 기술과 전술을 갈고닦아보자.

| MENU 134 | 블로킹의 기초 |

블로킹의 포인트

① 높고 강한 벽이 되도록 정확한 폼을 익힌다

② 다양한 스텝을 활용해 블로킹할 장소로 빠르게 이동한다

조언

현대 배구는 공격할 때 여러 명이 동시에 움직이는 것이 주류다. 그러므로 수비 측은 최대한 이른 단계에서 '이 선수가 여기에서 때린다!' 라고 판단할 수 있는 판단력과 상대 팀의 공격 범위를 한정하는 블로킹을 빠르게 완성하는 움직임을 익혀야 한다. 상대 공격수가 볼을 때리는 순간에 블로킹을 완성하지 못하는 경우도 있지만, 포기하지 말고 마지막까지 볼을 건드려서 공격을 막을 생각으로 뛰는 것이 중요하다.

☑ **CHECK!**

상대 공격수와 가까운 위치에서 점프하여 손을 앞으로 뻗어 압박을 가한다.

☑ **CHECK!**

상대 공격수가 공격하는 위치에 블로킹이 완성되도록 기준을 정하고, 스텝을 활용해 신속하게 이동한다.

상대의 스파이크를 막는 블로킹은 최전선 수비를 담당하는 동시에 직접 득점으로 연결되기도 하므로 공격이라고 볼 수도 있다. 상대 에이스의 스파이크를 블로킹하면 팀의 사기는 단숨에 높아진다. 또한, 득점으로 이어지지 않더라도 원터치로 스파이크의 위력을 줄이거나 팀의 리시브 범위를 한정하는 효과가 있다. 먼저 블로킹 동작을 익힌 다음 팀 동료와 함께 2명 블로킹, 3명 블로킹을 연습하자.

③ 볼뿐만 아니라 상대 팀의 움직임을 관찰하면서 이동한다

④ 타이밍 맞춰 팔을 앞으로 쭉 뻗는다

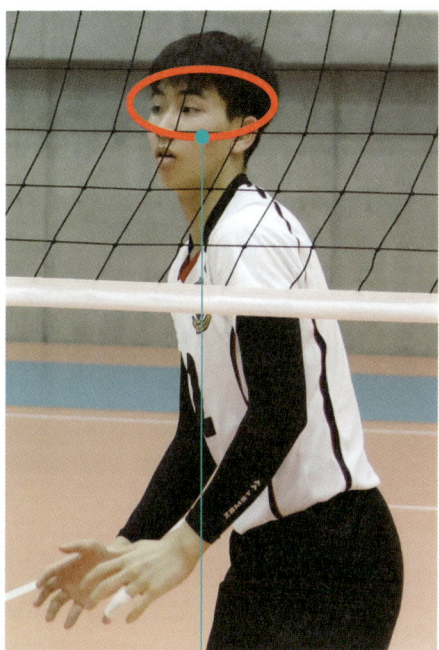

☑ CHECK!

'볼(패스)→세터→볼(토스)→공격수→볼(스파이크)' 순서로 상대 팀의 공격 흐름을 눈으로 쫓으면서 어떤 도움닫기로 어디에서 때리려고 하는지 등의 정보를 얻는다. 눈으로 '볼'만 쫓다 보면 높이 떠 있는 볼만 보게 되므로 턱이 들려서 블로킹에 필요한 견갑골의 움직임이 제한된다. 또한, 블로킹은 인원수가 많을수록 강력해지지만, 빈틈이 생기거나 점프 타이밍이 맞지 않으면 블로킹 효과가 낮아지고, 뒤쪽에 있는 리시버가 볼을 걷어 올리기 어려워진다. 빈틈이 발생하면 리시버가 그 사이에 들어가는 등 서로 연계하며 플레이하는 것도 중요하다.

블로킹의 목적

[블로킹의 기초]

목표 블로킹은 스파이크를 셧아웃해서 득점을 올리는 '킬 블로킹'과 원터치해서 스파이크의 위력을 줄이는 '소프트 블로킹' 등 종류별로 목적이 있다. 이를 정확히 이해하고 구분해서 사용하자.

1 상대의 스파이크를 셧아웃하는 '킬 블로킹'

☑ **CHECK!** 두 팔을 네트보다 조금 앞으로 내민다. 블로킹의 기본 자세다.

2 상대의 스파이크를 원터치해서 위력을 줄이는 '소프트 블로킹'

높이 차이로 인해 볼에 손이 닿지 않거나 블로킹에 늦었을 때, 상대가 볼을 아래로 내려치지 못하도록 한다.

☑ **CHECK!** 네트 근처에서 손바닥을 조금 위로 향한다.

3 상대의 스파이크 코스를 제한하는 '에어리어 블로킹'

스파이크는 블로킹 옆이나 블로킹 위를 빠져나간다

블로킹이 있는 지역으로는 스파이크를 때리지 못한다

☑ **CHECK!** 상대는 블로커를 피하려고 하기 때문에 리시브 범위를 좁힐 수 있다.

4 상대 공격수에게 심리적으로 압박을 가한다

☑ **CHECK!** 특정 블로커를 전담으로 배치해 압박을 가하고 어택 미스를 유도한다.

MENU 136 블로킹의 기초
블로킹 전술의 결정

목표 상대의 특징과 강점을 파악한 후에 블로킹 배치, 책임 범위, 반응 방법, 목표를 선택하고 블로킹 전술을 결정한다. 블로킹은 팀원 모두가 공유하고 이해하는 것이 중요하므로 꾸준히 대화하며 소통한다.

상대 팀에 빠른 사이드 공격수가 있을 때 블로킹 전술의 예

상대의 빠른 사이드 공격에 대응하는 상황이라면, 배치는 스프레드(메뉴 139), 책임 범위는 존(메뉴 138), 반응 방법은 리드 블로킹(메뉴 138), 목표는 에리어 블로킹(메뉴 135), 이런 방식으로 블로킹 전술을 정한다.

조언 블로킹 전술이 정해지면 상대 스파이크가 어떻게 빠져나올지 알 수 있기 때문에 어떤 방식의 수비 체계로 디그할지 팀에서 정할 수 있게 된다.

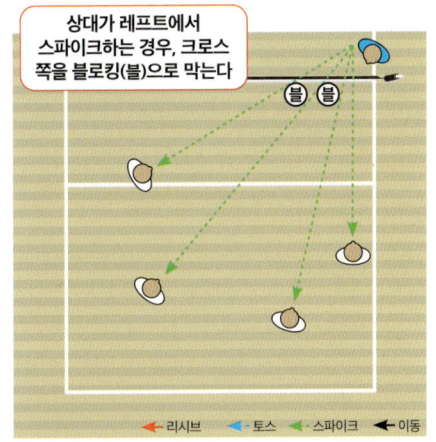

← 리시브　← 토스　← 스파이크　← 이동

COLUMN
셧아웃만이 블로킹의 성공은 아니다

서브나 스파이크, 리시브 같은 기술은 볼을 터치한 후에 그 볼이 어디로 어떻게 날아가는지에 따라 성공 여부가 명확해진다. 하지만 블로킹은 볼을 직접 터치하지 못하더라도 '나이스 블로킹'이라고 외치는 경우가 있다.

상대의 공격 코스를 막아 볼이 빠져나갈 수 있는 곳을 한정하는 것만으로도 큰 도움이 되기 때문이다. 그밖에 상대를 압박한다는 의미에서도 블로킹은 굉장히 중요하다.

가령 시합에서 셧아웃은 제로였어도 블로킹이 팀 승리에 공헌하는 일은 많다. 상대 스파이크를 디그하는 데 있어서 블로킹은 매우 중요한 역할을 담당하므로 블로킹과 디그의 연계로 상대의 공격을 막는 '토탈 디펜스'를 연습하자.

MENU 137 — 블로킹의 기초
블로킹의 책임 범위

목표 블로커가 상대를 마크하는 법은 늘 1 대 1로 공격수를 쫓아다니는 '맨투맨'과 각자 자기 영역을 지키는 '존' 2가지가 있다. 각각 책임 범위를 이해하고 실천하는 것이 중요하다.

① '맨투맨'의 장점은 누가 누구를 마크하는지가 명확하다는 점이다. 단, 선수끼리 뒤엉키게 되는 시간차 공격은 대응하기가 어렵다. 또한, 상대가 공격할 때 블로킹에 참여하는 인원수가 줄어들 가능성도 높다

오른쪽 그림에서 A는 A'를, B는 B'를, C는 C'를 계속 마크한다.

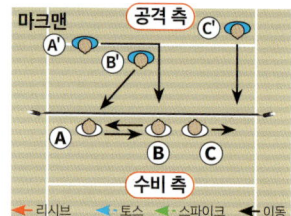

② '존'의 장점은 블로커가 좌우로 위치를 서로 바꾸지 않아도 된다는 점이다. 상대의 공격을 안정적으로 블로킹할 수 있으며 쉽게 대응할 수 있다

레프트·센터·라이트 모든 인원이 각자의 영역을 지킨다. 존의 범위는 선수의 능력이나 팀에 따라 다르게 설정할 수 있다.

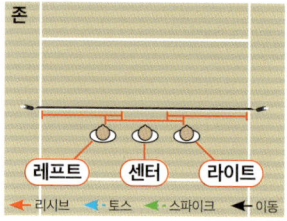

MENU 138 — 블로킹의 기초
블로킹의 대응

목표 상대 팀의 공격 특징과 아군 팀 개개인의 수준에 맞춰 가장 적합한 블로킹 대응법을 선택한다.

① 상대 세터의 세팅을 확인한 후 대응하는 '리드 블로킹'

② 상대 공격수의 타이밍에 맞춰 뛰는 '커밋 블로킹'

③ 상대의 공격을 추측해서 뛰는 '게스 블로킹'

항상 리드 블로킹으로 대응하면 좋겠지만, 상대의 공격을 분석하기 어렵거나 자신의 반응, 이동 속도가 따라가지 못할 때도 있다. 상황과 수준에 따라 구분해서 사용하는 것이 중요하다.

MENU 139 블로킹의 기초

블로킹의 배치

목표 블로킹은 시작할 때 서는 위치(배치)로 분류하는데, 주로 '번치', '스플릿', '리리스', '데디케이트'로 나뉜다. 상대의 공격에 가장 잘 대응할 수 있는 위치로 구성하자.

① 센터 근처에 블로커 3명이 나란히 서는 '번치' 시프트

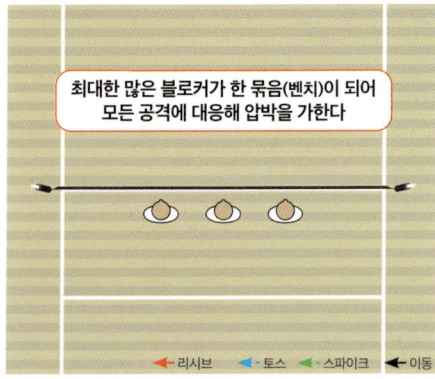

최대한 많은 블로커가 한 묶음(번치)이 되어 모든 공격에 대응해 압박을 가한다

◀ 리시브 ◀ 토스 ◀ 스파이크 ◀ 이동

✅ **CHECK!**
중앙으로 날아오는 퀵 등에는 효과적이지만, 빠른 사이드 공격에는 반응하기 어렵다.

② 블로커 3명이 가로로 넓게 퍼져서 서는 '스플릿' 시프트

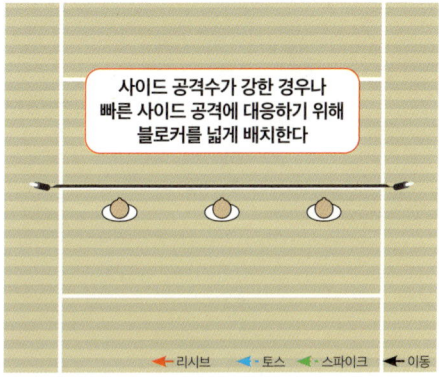

사이드 공격수가 강한 경우나 빠른 사이드 공격에 대응하기 위해 블로커를 넓게 배치한다

◀ 리시브 ◀ 토스 ◀ 스파이크 ◀ 이동

✅ **CHECK!**
사이드 공격에는 효과적이지만, 중앙으로 날아오는 퀵 공격에는 대응하기 어렵다.

③ 레프트나 라이트 쪽에 1명만 치우쳐서 배치하는 '리리스' 시프트

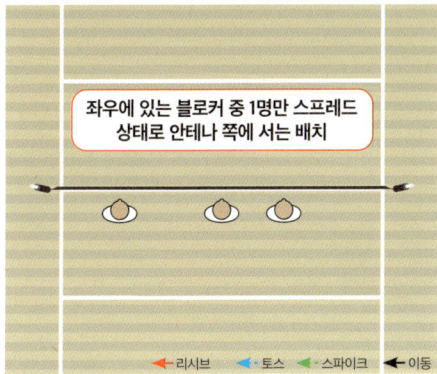

좌우에 있는 블로커 중 1명만 스프레드 상태로 안테나 쪽에 서는 배치

◀ 리시브 ◀ 토스 ◀ 스파이크 ◀ 이동

✅ **CHECK!**
상대 팀에 강력한 사이드 공격수가 있는 경우에 효과적이다. 2명은 중앙에서 오는 공격에도 대응한다.

④ 블로커 3명이 사이드로 붙어서 나란히 서는 '데디케이트' 시프트

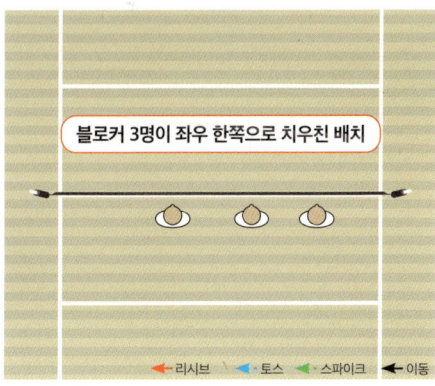

블로커 3명이 좌우 한쪽으로 치우친 배치

◀ 리시브 ◀ 토스 ◀ 스파이크 ◀ 이동

✅ **CHECK!**
상대 팀의 공격이 레프트나 라이트에 집중되는 경우에 효과적이다.

MENU 140 — 블로킹의 기초
블로킹 준비 자세

① 퀵(퍼스트 템포)에 대비한 준비 자세(정면)

② 퀵(퍼스터 템포)에 대비한 준비 자세(옆면)

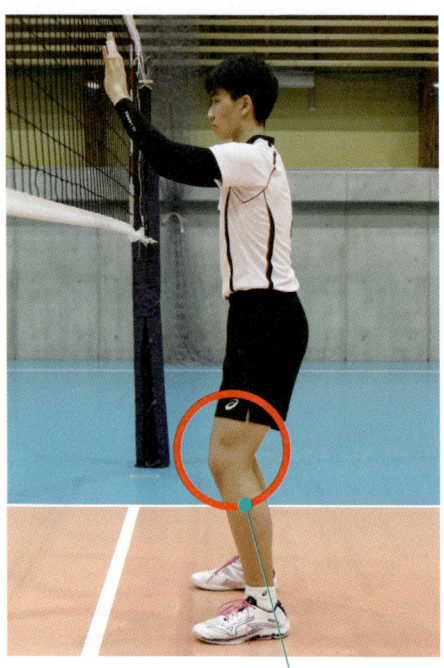

조언

포지션에 따라 상대하는 선수가 달라지므로 준비 자세도 다르지만, 기본적으로는 템포가 빠른 공격에 대응할 수 있는 준비 자세를 취한다. 상대가 퀵으로 공격하지 않는 경우에는 빠르게 팔을 내리고 이동해 세컨드 템포 공격을 대비한다. 위의 ①~③ 사진은 준비하는 방법의 한 예에 불과하다. 자신이 가장 빠르고 쉽게 뛸 수 있는 자세를 찾아 보자.

✓ CHECK!

상대의 빠른 공격에 대비할 수 있도록 어깨부터 얼굴 옆쪽에 손이 오도록 준비한다.

✓ CHECK!

가슴을 펴고 상대 코트를 보고 준비한다. 이때 스플릿 스텝을 밟아 빠르고 높이 뛸 수 있도록 한다.

| 목표 | 배구는 서브를 제외하고는 모두 오픈 스킬(상대 팀 선수나 볼이 변화하는 상황에서 발휘되는 기술)이고, 덧붙여 대부분이 상대 움직임에 빠르게 반응해야 한다. 특히 블로킹은 짧은 시간 안에 상대의 움직임에 반응해야 하므로, 단거리 달리기의 준비 자세(스타팅 블록을 찰 준비)처럼 빠르게 움직일 수 있도록 준비 자세가 필요하다. 더불어 점프할 때는 강한 코어 힘이 필요하다. |

③ 세컨드 템포, 서드 템포에 대비한 준비 자세(옆면)

팔을 휘두르기 좋은 위치에 둔다

× NG

상대의 세컨드 템포, 서드 템포 공격을 대비할 때 ①처럼 손을 올리고 준비하면 팔을 휘두르기 어려워지고, 그만큼 점프했을 때 높이 뛸 수 없다. 상대의 공격에 빠르게 반응해 움직일 수 있도록 준비 자세를 취하자.

조언

세컨드 템포, 서드 템포를 대비할 때는 점프하기까지 약간의 시간 여유가 있다. 그러므로 좀 더 움직이기 편한 자세를 잡은 다음 팔의 스윙(휘두르기)을 사용해 블로킹 높이를 올리자. 준비 자세를 취할 때 손이 가슴이나 배 앞쪽에 오도록 하면 좋다.

✓ CHECK!

무릎, 고관절, 발목의 각도는 파워 포지션이라고 한다. 각각의 힘을 최대한 발휘하면서 움직일 수 있는 위치에 놓고 준비 자세를 취하자.

× NG

막대기처럼 뻣뻣하게 선 자세나 상체를 극단적으로 뒤로 젖힌 자세는 빠르게 움직일 수 없다.

MENU 141	블로킹의 기초	인원수 2명
	블로킹 파워 체크	장소 제한 없음
		레벨 초급

목표 공중에서 블로킹 자세를 유지할 수 있도록 먼저 견갑골을 위로 최대한 올리면서 몸 앞면의 근육을 사용하고 있는지 체크한다.

① 블로킹 준비 자세를 취한 선수의 한쪽 팔을 민다

② 미는 힘을 견디지 못하면 뒤로 한 발 내디딘다

×NG

밀기

날개뼈의 움직임과 몸 앞면의 근육을 사용하지 않으면 팔만 뒤로 밀린다.

MENU 142	블로킹의 기초	인원수 2명
	네트에서 때리는 감각 체크	장소 네트 부근
		레벨 초급

목표 블로킹은 단순히 상대의 볼에 손을 맞추는 것이 아니라 막는 감각을 익히는 것이 중요하다. 스스로 각도를 정하고 어디에 볼을 떨어뜨리고 싶은지 정한 다음 이를 위한 팔의 방향과 막는 타이밍 감각을 익힌다.

① 실제 블로킹할 때의 자세로 네트 너머로 두 팔을 뻗는다

② 강하게 날아오는 볼을 막는다(셧아웃)

네트 없이 연습해도 된다

☑ **CHECK!**

오른손이나 왼손으로 날아오는 볼을 받아 한 손으로 막는 감각을 익힌다. 익숙해지면 막는 손을 정하지 않고, 상대를 잘 살핀 후 볼이 날아오는 쪽을 철저하게 막는다. 볼이 아니라 상대의 동작을 관찰하고, 최대한 볼에 손을 가까이 대는 것이 중요하다.

MENU 143

블로킹의 기초

점프와 손 뻗는 법

인원수	1명
장소	네트 부근
레벨	초급

목표 셧아웃이나 원터치로 연결하는 블로킹을 할 때 공중에서 자세를 유지하는 법과 팔 뻗는 법을 익힌다. 뒤쪽에 있는 리시버가 보기 쉽도록 팔을 쭉 뻗는 것을 잊지 말자!

① 몸의 균형이 무너지지 않도록 똑바로 위로 뛴다

☑ **CHECK!** 뒤쪽에 있는 리시버의 시야 확보를 위해 점프한 위치로 착지하도록 뛴다.

② 블로킹 자세를 유지하면서 대각선 방향으로 뛴다

☑ **CHECK!** 상대의 공격이 빠르거나 도움닫기에 늦었다면 비스듬하게 뛴다.

③ 두 팔을 네트보다 조금 앞으로 뻗는다

견갑골을 올리고 팔꿈치, 손목, 손가락, 배(숨을 내쉬면서)에 힘을 준다

☑ **CHECK!** 가능한 상대 공격수가 때린 볼에 가까운(높은) 위치에서 볼을 제압한다.

✕ NG

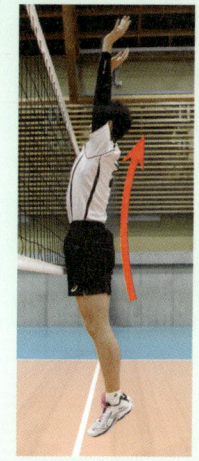

뛸 때 몸을 뒤로 젖히는 자세는 NG. 또한, 점프할 때 몸이 앞으로 기울어지면 터치 네트 반칙을 범하기 쉽고, 다칠 위험도 크니 주의하자.

MENU 144 블로킹의 기초

블로킹할 때의 스플릿 스텝

인원수 1명
장소 네트 부근
레벨 중급

목표 상대 팀 센터가 올린 세팅에 빠르게 반응하고, 판단의 정확도를 높이기 위한 스텝을 익힌다. 점프 타이밍과 언제 어디를 봐야 하는지 이해하고, 실전에 활용해 보자.

① 센터가 볼을 건드리는 타이밍을 지켜본다

블로킹 준비 자세를 취한다

② 센터가 볼을 만지는 순간에 가볍게 점프한다

공중에서 볼의 행방을 파악한다

③ 착지하면서 세팅 방향으로 발을 내딛기 편한 자세를 만든다

그 자리에서 뛰거나 볼이 올라오는 방향으로 스텝을 밟고 뛴다

COLUMN

스플릿 스텝을 하는 이유

메뉴 075에서도 소개한 스플릿 스텝은 배구에 반드시 필요한 동작이다.

스플릿 스텝은 상대가 볼을 때리는 타이밍(히트)에 맞춰 가볍게 점프하는 것을 말한다. 단순한 동작이지만, 다음 동작의 첫 걸음을 빠르고 정확하게 내디딜 수 있다.

디그, 블로킹, 서브 리시브, 블로킹 커버처럼 빠르게 대응해야 하는 상황에서 연습하면 좋다. 스플릿 스텝을 하며 어디로 토스가 올라가고 스파이크가 날아오는지, 어떤 서브가 날아오는지 등을 파악한 다음 빠르게 볼에 다가갈 수 있도록 하자.

처음에는 타이밍 잡기가 어렵겠지만, 여러 번 반복하다 보면 빠르게 움직일 수 있을 것이다.

MENU 145	블로킹의 기초	인원수	1명
	사이드 스텝	장소	네트 부근
		레벨	초급

> **목표** 블로킹할 때 이동 거리가 짧으면 옆으로 이동하는 사이드 스텝을 이용한다. 블로킹과 디그를 연계하기 쉬운 스텝이기도 하다.

① 이동하는 쪽의 발을 옆으로 한 걸음 내디딘다

② 그다음 반대쪽 발을 같은 방향으로 가까이 당겨온다

③ 중심을 낮추고 점프 자세를 취한다

MENU 146	블로킹의 기초	인원수	1명
	크로스오버 스텝 (스윙 블로킹)	장소	네트 부근
		레벨	중급

> **목표** 사이드 스텝으로 도달하기 어려운 거리는 발을 엇갈려서 움직이는 크로스 오버 스텝을 이용한다. 위력을 붙여서 뛴 다음 공중에서 정면을 향해 공격수를 막는 벽을 만들도록 한다.

① 이동하는 방향의 발을 옆으로 한 걸음 내디딘다

② 반대쪽 발을 엇갈리면서 크게 내디딘다

③ 처음에 내디딘 발을 당겨오면서 두 다리로 점프한다

스플릿 스텝을 한 다음 움직인다

발을 엇갈린다

두 발을 모으고 점프하면서 정면을 향한다

MENU 147 〔블로킹의 기초〕 바닥 반동력을 이용한 점프

인원수	2명
장소	제한 없음
레벨	초급

목표 점프는 바닥에서 튀어 오르는 반동력을 이용하여 뛴다. 바닥을 강하게 찰수록 튀어 오르는 힘이 강해져서 높이 뛸 수 있다. 힘을 온전히 활용할 수 있도록 점프하는 데 필요한 몸 사용법을 익히자.

① 2인 1조가 돼서 1명이 제자리뛰기를 한다

② 착지할 때 다른 1명이 두 어깨를 위에서 누르면서 속도를 붙인다

어깨에 손을 얹는다

연속으로 점프한다

☑ **CHECK!**
바닥 반동력이란 지면을 누르는 힘에 대한 반발력을 말한다. 강하게 튀어 오르는 감각을 익히자. 포인트는 발목을 고정하고, 무릎을 너무 굽히지 않고, 엉덩이에 힘을 주어 코어를 고정하는 것이다. 바닥과 붙어 있는 시간을 최대한 짧게 한다.

MENU 148 〔블로킹의 기초〕 2인 1조 들어 올리기 점프

인원수	2명
장소	제한 없음
레벨	초급

목표 블로킹은 견갑골을 끌어올리고 팔을 앞으로 뻗는 것이 중요하다. 먼저 뒤쪽에서 동료의 도움을 받아 견갑골의 움직임을 익힌 다음 점프까지 연결해 보자.

① 동료는 블로커 뒤에서 엄지손가락을 견갑골에 댄다

② 블로커는 견갑골의 움직임을 서포트 받으면서 점프한다

여러 번 동료가 밀어 올려 줄 때 견갑골이 움직이는 감각을 익힌다

견갑골이 올라가도록 들어 올린다

☑ **CHECK!**
아래에서 들어 올리는 힘이 더해지고, 점프력도 올라가므로 공중에서 최대한 길게 블로킹 자세를 유지한다. 착지할 때도 도움을 받으며 안전하게 착지한다.

MENU 149 블로킹의 기초	인원수 2명 이상 준비물 받침대 레벨 중급

볼 쥐기

목표 공중에 떠 있을 때 자세를 안정시키고 코어가 단단해진 상태에서 힘을 발휘할 수 있도록 한다. 블로킹할 때 상대의 힘에 밀리지 않는 안정인 자세를 만들고, 손을 네트 앞으로 뻗는 감각을 익힌다.

① 1명이 네트 건너편 받침대 위(블로커의 블로킹 점프 최고점 부근)에서 볼을 2개 잡고 대기한다

② 블로커는 점프해서 볼을 각각 한 손으로 잡는다

볼은 공기를 빼서 잡기 쉽게 해 둔다. 제자리뿐만 아니라 도움닫기해서 점프하는 연습도 마찬가지로 실시한다. 응용 연습으로 볼을 메디신볼로 바꾸고, 받침대 위에서 볼을 잡고 있는 선수에게 점프해 볼을 잡은 다음 그대로 공중에서 빠르게 아래로 던지는 연습도 하면 좋다. 이렇게 연습하면 공중에서 균형을 유지하거나 몸에 힘주는 감각을 익힐 수 있는데, 이 경우에는 블로커의 신장에 따라 네트의 높이를 바꿔서 실시한다.

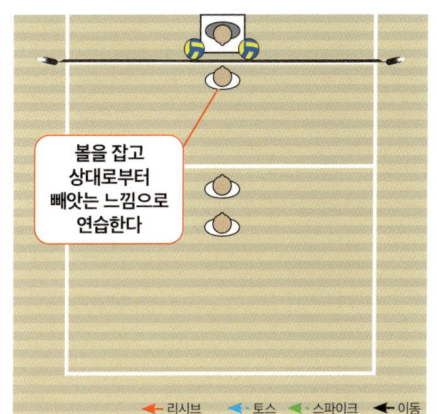

볼을 잡고 상대로부터 빼앗는 느낌으로 연습한다

← 리시브 ← 토스 ← 스파이크 ← 이동

MENU 150 블로킹의 기초	인원수 2명 준비물 받침대 레벨 중급

공격 루트를 좁히는 위치 선정

목표 오른손잡이 공격수가 레프트로 스파이크를 때리는 상황을 염두에 두고, 공격수의 히트 포인트에 대한 블로커의 위치 선정과 뒤쪽에 자리를 잡는 리시버와 연계하는 방법을 익힌다.

① 1명이 네트 건너편 받침대 위에서 볼 1개를 잡는다

② 블로커는 도움닫기를 해서 공격수의 히트 포인트에 반응해 '오른손에 맞힌다', '정면에 맞힌다', '왼손에 맞힌다' 3개 패턴을 실시한다

위치 선정은 공격수가 때린 볼(히트 포인트)의 루트를 어떻게 좁힐지 기준을 세우는 것이 포인트다. 자신이 좁힌 위치에 따라 볼이 빠져나가는 코스가 바뀌므로 상대 위치에 맞춰 블로킹의 기준을 잡는다.

조언

뒤쪽에 리시버를 두고 연계하여 수비하는 연습도 해 보자.

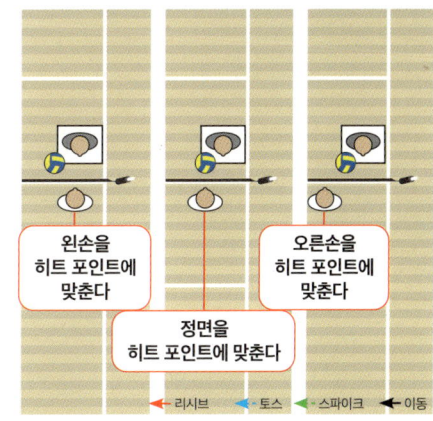

왼손을 히트 포인트에 맞춘다 / 정면을 히트 포인트에 맞춘다 / 오른손을 히트 포인트에 맞춘다

← 리시브 ← 토스 ← 스파이크 ← 이동

 블로킹

아이&스텝 워크

인원수	3명
장소	세로 하프 코트
레벨	중급

목표 블로킹할 때의 시야와 상대 히트 포인트에 맞추는 스텝, 타이밍을 익힌다. 볼보다 공격수에게 많은 정보가 있다는 사실을 깨닫는다.

1 네트 건너편에서 날아오는 볼을 보고 공격수는 타이밍 맞춰 도움닫기하여 직선으로 스파이크를 때린다

블로커가 맞도록 때린다.

2 블로커는 공격수의 도움닫기와 폼을 보고 공격수의 정면으로 이동한 다음 타이밍 맞춰 블로킹 점프를 한다

마지막 순간에 볼을 시야에 넣고 셧아웃한다.

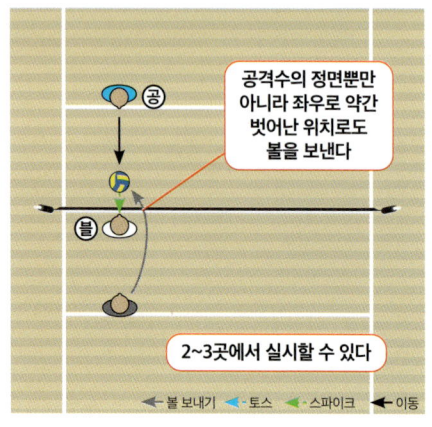

공격수의 정면뿐만 아니라 좌우로 약간 벗어난 위치로도 볼을 보낸다

2~3곳에서 실시할 수 있다

← 볼 보내기 ← 토스 ← 스파이크 ← 이동

MENU 152 블로킹

커밋 블로킹

인원수	4명
장소	코트 전체
레벨	중급

목표 상대 세터가 어디로 토스를 올리는지와 상관없이 상대 공격수와 같은 타이밍에 뛰는 블로킹이다. 주로 퀵 대비에 효과적이다. 완벽한 타이밍으로 블로킹이 붙었을 때의 셧아웃 감각을 익힌다.

찬스볼을 빠르게 공격(퀵)하려는 상대의 움직임에 맞춰 블로킹 점프를 한다

미리 정해 놓은 상대의 움직임에 맞춰 블로킹 점프를 한다. 공격수가 블로커를 향해 볼을 때림으로써 커밋 블로킹의 타이밍과 볼을 막을 때의 감각을 익힌다.

조언 커밋 블로킹은 상대의 빠른 공격에 대응할 수 있는 블로킹이다. 세터의 토스와 상관없이 공격수의 도움닫기에 맞춰 뛰기 때문에 볼이 오지 않을 수도 있지만, 마크한 공격수에게 볼이 오고 타이밍이 맞으면 셧아웃이나 원터치를 잡을 수 있도록 철저하게 연습하자.

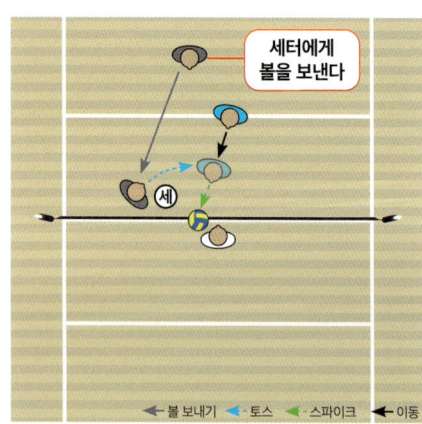

세터에게 볼을 보낸다

← 볼 보내기 ← 토스 ← 스파이크 ← 이동

MENU 153 · 블로킹

받침대 위에서 때리는 스파이크를 블로킹

인원수	2명
준비물	받침대
레벨	초급

목표 점프하는 법과 견갑골의 사용법 등 지금까지 익힌 다양한 동작을 활용해 실제로 날아오는 볼을 막는다. 받침대 위에서 볼을 때리면 실전에 가까운 높이로 연습할 수 있다.

① 도움닫기해서 블로킹하는 포지션으로 들어간다

② 받침대 위에서 강하게 때리는 스파이크를 블로킹으로 막는다

✓ CHECK!
초보자는 턱을 드는 바람에 견갑골이 충분히 올라가지 않는 경우가 있다. 그럴 때는 받침대를 사용하지 말고, 바닥에서 위로 올린 볼을 점프해서 블로킹하자. 그러면 턱을 들지 않고, 견갑골을 활용한 블로킹 감각을 익힐 수 있다.

MENU 154 · 블로킹

연속 스텝&점프

인원수	2명 이상
준비물	받침대
레벨	중급

목표 다양한 공격에 대비해 여러 번 뛰어야만 하는 실전을 염두에 두고 2~3곳에서 블로킹한다.

① **3m 정도 범위에서 좌우 교대로 스텝을 사용해 이동하면서 연속으로 블로킹 점프를 한다**

매번 제자리로 돌아가거나 착지한 후에 바로 이동하는 식으로 왕복 3번 정도 연습한다. 처음에는 이동 거리를 짧게 해서 연습한다.

② **받침대 위에서 날아오는 스파이크를 같은 방법으로 움직이면서 연속으로 블로킹한다**

✓ CHECK!
여러 곳에서 동시에 실시하는 메뉴다. 거리에 따라 스텝도 사이드 스텝, 크로스오버 스텝(메뉴 145~146)을 구분해 사용한다. 일부러 의식하지 않아도 자연스럽게 움직이게 되는 것이 목표다. 거리를 늘려서 연습해도 효과적이다.

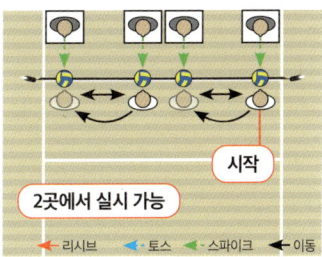

MENU 155	블로킹	인원수 3명 이상
	2단 토스에 대비한 블로킹	장소 코트 전체
		레벨 중급

목표 상대 리시브가 불안정하게 된 2단 토스(하이 세팅)에 대비한 블로킹 연습. 먼저 공격수와 1 대 1로 타이밍 맞춰 위치 잡는 감각을 익힌다. 다음 단계에서는 블로커를 2명으로 늘려서 실시한다.

  공격수가 미리 때리기로 약속한 코스로 들어가서 블로킹한다

2단 토스라 상정하고 손으로 던진 볼(또는 세터가 2단 토스를 올린다)을 공격수가 스파이크한다. 우선 때리는 코스(스트레이트 또는 크로스)를 정해 놓고, 이를 블로킹한다.
이후에는 때리는 코스를 정하지 않고, 블로커가 리시버에게 사인을 보낸 후 크로스(또는 스트레이트)로 뛰어 연계 수비하는 응용 연습도 해 보자.

② **블로커가 2명 들어가서 ①과 같은 방법으로 연습한다**

크게 외치며 스텝 타이밍을 맞춰 2명이 공중에 나란히 올라오도록 점프한다.

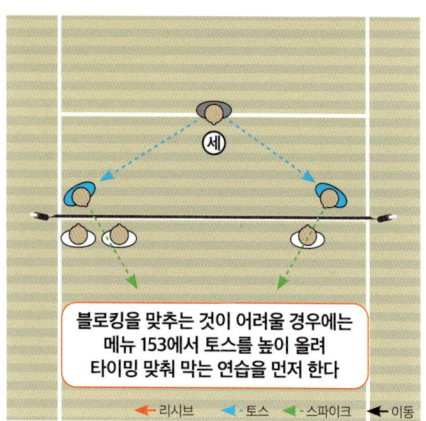

블로킹을 맞추는 것이 어려울 경우에는 메뉴 153에서 토스를 높이 올려 타이밍 맞춰 막는 연습을 먼저 한다

← 리시브 ← 토스 ← 스파이크 ← 이동

MENU 156	블로킹	인원수 5명
	블로킹&디그의 연계 강화	장소 코트 전체
		레벨 중급~상급

목표 블로킹으로 상대 공격수에게 압박을 가하고 때릴 코스를 좁힌 후 후방에 대기 중인 리시버가 볼을 받는다. 디펜스할 때 중요한 블로킹과 디그의 연계를 연습한다.

① **공격수는 스트레이트(또는 크로스)를 때린다고 알린다**

② **블로커는 스트레이트(또는 크로스) 코스를 막고 이에 맞춰 리시버가 포지션을 잡는다**

연계가 익숙해지면 공격수는 스트레이트나 크로스 중 하나를 마음대로 때린다. 이때 블로커는 어느 코스를 막을지 미리 정해서 리시버에게 전달하고, 리시버는 볼을 걷어 올릴 수 있는 포지션으로 들어간다.
응용 연습으로 블로커나 공격수, 리시버 인원을 늘려 실전에 가까운 상황에서 연습한다. 랠리처럼 반복해서 연습하는 것도 효과적이다.

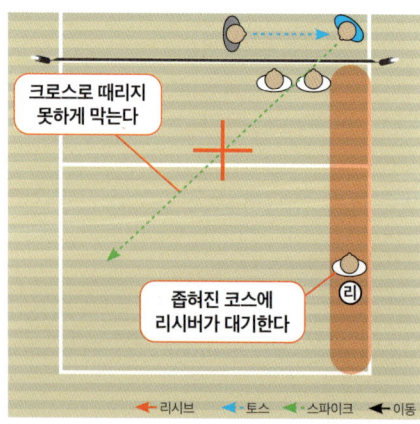

크로스로 때리지 못하게 막는다

좁혀진 코스에 리시버가 대기한다

← 리시브 ← 토스 ← 스파이크 ← 이동

MENU 157	블로킹

1 대 1 리드 블로킹

인원수	4명 이상
장소	코트 전체
레벨	중급

목표 리드 블로킹은 상대의 토스를 확인한 다음 이동하므로 얼마큼 빨리 이동하여 상대 공격수의 히트 포인트에 맞춰 블로킹하는지가 중요하다. 이 기술을 갈고닦기 위한 연습이다.

① 세터의 손에서 볼이 떠나는 것을 확인하고 움직인다

② 빠르게 이동하여 상대 공격수 앞에서 점프한다

볼이 아니라 공격수를 보고 히트 포인트를 맞춘다

☑ CHECK!
커밋 블로킹(메뉴 152)보다는 블로킹의 완성이 늦기 마련이지만, 상황 판단과 스텝, 반응을 최대한 빠르게 할 수 있도록 연습한다. 세터는 때때로 공격수와 다른 위치로 토스하여 블로커가 제대로 보고 반응하는지 확인하자.

MENU 158	블로킹

1 대 2 리드 블로킹

인원수	5명 이상
장소	코트 전체
레벨	중급

목표 2명의 공격수에 대응해 블로커 1명이 리드 블로킹하는 연습이다. 처음에는 스텝(메뉴 144)이 늦어도 좋으니 확실하게 세팅된 방향으로 스텝을 밟도록 한다.

메뉴 157의 공격수를 2명으로 늘리고 같은 방법으로 리드 블로킹 연습을 한다

예를 들어 오른쪽 그림처럼 상대 코트의 센터와 레프트에 공격수가 들어가고, 세터가 둘 중 한 곳으로 토스하면 이에 반응하여 블로킹하는 것이다. 반응하기 쉬운 높은 토스부터 시작해 공격 템포를 바꾸는 등 점점 복잡한 공격으로 연습한다.

조언 먼저 블로커의 반응 감각을 익히기 위해 공격수가 볼을 캐치하는 데서 끝내도 된다.

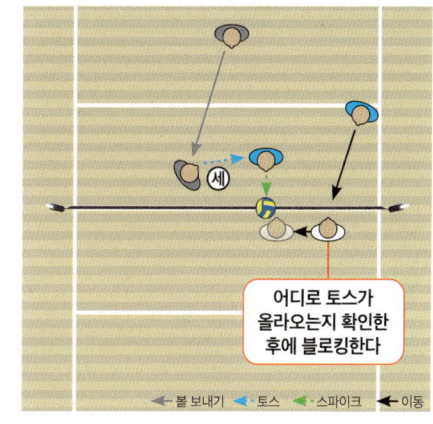

어디로 토스가 올라오는지 확인한 후에 블로킹한다

인원수	8명 이상
장소	코트 전체
레벨	상급

MENU 159 — 블로킹
3 대 프리 리드 블로킹

목표 메뉴 158의 응용 연습이다. 2~4명이 하는 공격에 3명의 블로커가 대응한다. 공격하는 팀은 전위뿐만 아니라 백어택을 넣어서 공격해도 된다.

블로커 3명이 들어가서 상대 공격을 최대한 많은 인원이 블로킹할 수 있도록 한다

우선 공격 측의 공격 방법을 제한하고, 그 공격을 막는 리드 블로킹을 연습한다.

조언 익숙해지면 공격 방법을 제한하지 말고, 연속으로 실시해 보자. 생각하며 준비하지 않아도 대응할 수 있는 감각을 익히는 것이 목표다. 좀 더 발전시켜서 블로킹과 리시버가 연계하는 연습을 해도 좋다.

인원수	10명 이상
장소	코트 전체
레벨	상급

MENU 160 — 블로킹
ABC 패스 공격 대 리드 블로킹

목표 상대의 공격은 패스가 세터에게 깔끔하게 들어간 상황에서만 이루어지는 것이 아니다. 볼이 불안정하거나 2단 토스를 하는 등 불규칙적인 상황에서도 블로커가 스스로 판단하여 상대의 공격을 막을 수 있도록 하자.

세터+공격수 3~5명으로 구성한 공격을 블로커 3명이 막는다

공격 측은 A패스, B패스, C패스 등 다양한 상황을 만들어 공격한다. 블로커 측은 상황을 판단하여 공격의 선택폭을 좁히고 가능한 많은 인원이 블로킹을 한다. 패스 종류를 크게 외쳐서 상황을 공유하며 움직이면 블로킹 가담자를 모으기 쉽다.

조언 응용 연습으로 후위에 리시버 3명이 들어가 총 6명이 막는 연습도 할 수 있다. 실전에 가까운 형태로 연습하면 블로커와 리시버의 연계나 대응력을 향상시킬 수 있다.

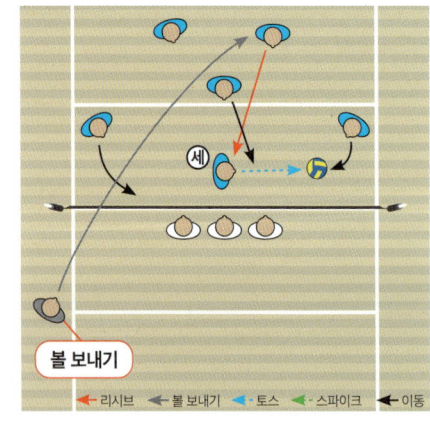

제 **7** 장

실전 연습

볼이 멈추지 않고, 상황이 끊임없이 바뀌는 배구는 팀의 목표를 선수 전원이 인지하고, 이를 중점적으로 연습하는 것이 중요하다.

MENU 161	적은 인원이 할 수 있는 실전 연습	인원수 6~8명
	캐치 배구	장소 코트 전체
		레벨 초급

목표 날아오는 볼을 컨트롤해야 하는 등 배구는 어려운 기술을 요구한다. 이 연습은 초보자를 대상으로 하여 랠리나 게임의 즐거움을 깨닫게 하는 것이 목적으로 리시브를 캐치로 바꿔서 게임을 실시한다.

① 배드민턴 코트 크기 정도에 2팀(각 3명씩)이 들어간다

② 일반적인 '리시브→토스'의 흐름을, '캐치→던지기'로 해도 좋고, 게임 형식으로 점수 내기를 한다

볼을 캐치하면 센터 위치에 있는 선수에게 패스한다. 그다음 센터 위치에 있는 선수가 두 손으로 토스를 올리고, 다른 1명이 스파이크를 때린다. 상대 코트의 선수는 그 볼을 캐치하고 같은 흐름을 반복한다. 캐치한 상태에서는 걸어서는 안 되고, 원 바운드까지는 허용하는 등 수준에 따라 룰이나 코트의 넓이, 네트의 높이를 조정한다.

MENU 162	적은 인원이 할 수 있는 실전 연습	인원수 2명
	2인 1조 교대 패스	장소 코트 전체
		레벨 중급

목표 2명이 교대로 패스하면서 네트를 끼고 이동하기를 반복한다. 몸놀림을 익히면 다양한 플레이를 할 수 있게 된다. 동작이 익숙해지면 패스에 더해 스파이크도 추가해서 연습한다.

① A가 B에게 패스하면, B는 A에게 토스한다. B는 토스한 다음 바로 네트 아래를 지나 상대 코트로 이동한다

② A는 올라온 토스를 오버핸드 패스로 상대 코트로 넘기고, 네트 아래를 지나 상대 코트로 이동한다

③ 날아오는 패스를 B가 A에게 리시브, A는 B에게 토스를 올리고 상대 코트로 이동한다. B는 오버핸드 패스로 상대 코트로 볼을 넘긴다. 이 흐름을 반복한다

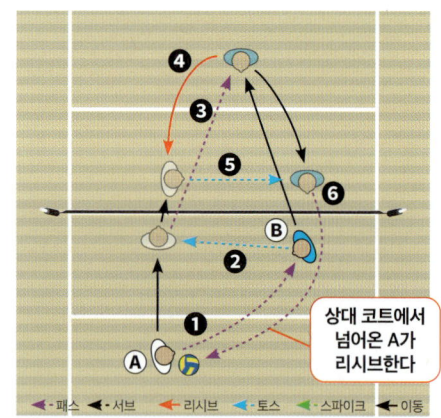

MENU 163 — 2 대 2 게임

적은 인원이 할 수 있는 실전 연습

인원수	4명
장소	코트 전체
레벨	중급

목표 2 대 2로 게임을 실시한다. 비치 발리볼 방식과 마찬가지로 서브 리시브를 한 선수는 같은 팀 동료의 토스로 공격한다. 모든 스킬이 필요한 연습이다.

2 대 2로 코트에 들어가서 실전과 동일하게 게임을 한다

모든 선수가 같은 수준의 토스를 올리도록 한다. 토스는 단순히 올리기만 하는 것이 아니라 다양한 방향으로 올리기도 하고, 공격수도 템포, 코스를 바꾸는 등 다양한 공격 패턴을 익히도록 한다.

조언
응용 연습으로 두 팀에 고정된 세터를 넣고 다른 2명이 서브 리시브&디그, 어택을 담당하는 연습도 시도해 보자.

MENU 164 — 다이렉트 게임

적은 인원이 할 수 있는 실전 연습

인원수	2명 이상
장소	코트 전체
레벨	중급~상급

목표 네트를 사이에 두고 2팀으로 나뉘어서 한 번에 상대 코트로 공격한다. 얼마나 빠르게 볼의 낙하지점으로 이동할 수 있는지와 상대의 수비 태세를 파악한 후에 얼마나 정확하게 볼을 컨트롤할 수 있는지가 포인트다.

인원수는 1 대 1도 좋고, 여러 명이 들어가도 좋다. 볼을 한 번(다이렉트)에 상대 코트로 넘기는 것이 규칙이다

볼을 다이렉트로 넘기기 어려운 경우에는 두 번째에 넘기는 등 조건을 완화해서 실시하자. 그 밖에 볼을 한 번 터치하면 동료 선수와 교대하는 규칙으로 진행해도 좋다.

조언
익숙해지면 같은 방식의 게임을 볼 2개로 실시해 보자. 시야를 넓히는 힘과 상황 판단 능력을 더욱 높일 수 있다.

MENU 165 — 원 바운드 배구

적은 인원이 할 수 있는 실전 연습

인원수	4명 이상
장소	훌라후프 등
레벨	중급~상급

목표: 네트에 훌라후프를 걸어놓고, 볼이 훌라후프를 통과하게 하여 랠리를 이어간다. 각 코트에 2~3명씩 들어가서 실시한다. 훌라후프가 회전할 가능성도 고려해 타이밍을 재면서 볼을 통과시키다 보면 볼 컨트롤 능력이 향상된다.

공격은 반드시 네트에 걸어놓은 훌라후프를 통과해야 하고, 수비 측은 원 바운드된 볼을 리시브해서 랠리를 계속 이어간다

각 코트에 2~3명이 들어가고 볼 터치 3번 안에 상대 코트로 볼을 넘긴다. 볼을 잡지 못하거나 훌라후프를 통과시키지 못하면 진다.

조언: 리시브 대신 캐치하거나 스파이크 대신 볼을 던지는 동작으로 바꾸는 등 수준에 맞춰 실시해도 좋다.

볼은 여기를 통과한다

MENU 166 — 로테이션 훈련

실전 연습

인원수	5명 이상
장소	하프 코트
레벨	중급~상급

목표: 4명이 각각 패스(리시브), 토스, 스파이크를 순서대로 담당하면서 플레이한다. 실전에서의 볼 흐름을 이해하면서 컨트롤 능력을 향상시킨다.

하프 코프에 4명이 들어가 포지션을 바꾸면서 패스, 토스, 스파이크를 한다

전위 양 사이드 2명 중 1명이 패스로 리시버에게 볼을 보내면서 연습을 시작한다. 리시브한 선수는 바로 세터 위치로 이동한다. 다른 선수도 마찬가지로 포지션을 로테이션하면서 플레이를 이어간다. 그 후에는 패스를 스파이크로 바꾸거나 리시버가 크로스나 스트레이트로 움직이는 것을 확인한 후에 때리는(반대로 리시버는 공격수의 움직임을 본 다음 움직인다) 등, 목적에 따라 다양한 형태로 연습한다.

조언: 그 밖에 공격수가 리시버의 정면이 아니라 오버핸드로 최대한 멀리 볼을 날려서 2단 토스 상황을 만들고, 리시버는 빠르게 움직여 그 볼을 세터에게 보내는 연습도 해 보자.

공격수→리시버→센터 순으로 포지션을 이동한다

패스도 OK

MENU 167 · 실전 연습
스토리 훈련

인원수	8명 이상
장소	코트 전체
레벨	중급~상급

목표 게임에 필요한 거의 모든 플레이를 담은 연습. 1명이 모든 포지션을 경험할 수 있어 동작의 예측, 각 포지션의 역할, 사고 방식을 알 수 있다.

코트를 세로로 둘로 나누고 각 면에서 3 대 3을 한다. 서브, 서브 리시브, 토스, 스파이크, 블로킹, 디그까지의 흐름을 포지션을 바꿔가며 연습한다

서브를 넣으면 서브 리시브 포지션으로 이동하고, 그다음은 세터→공격수 순으로 포지션을 이동하면서 연습한다. 오른쪽 그림의 ❻에서 디그하면 끝난다. 왼쪽과 오른쪽 코트로 나누어 똑같이 3 대 3을 실시한다. 선수들의 수준이나 인원수에 따라 블로킹이나 스파이크를 한 후에 끝내도 좋다.

조언 개인의 수준에 맞춰 연습 방식을 바꿔도 된다. 예를 들어 서브가 들어가지 않으면 네트 근처 위치에서 시작하거나 볼을 던져서 넘겨도 된다는 것이다. 세터는 토스의 높이나 템포를 바꾸고, 블로커는 상대 공격수가 크로스로 때리지 못하게 하는 등 팀 내에서 다양하게 연계를 도모하여 팀워크를 높이자.

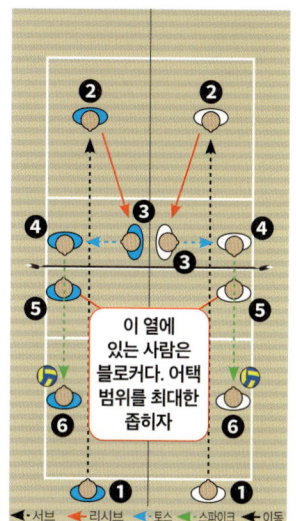

MENU 168 · 실전 연습
3단 공격&블로킹 커버

인원수	6명 이상
장소	코트 전체
레벨	중급

목표 상황 판단과 볼 컨트롤을 동시에 하면서 정확하게 토스를 올린다. 이후에는 스파이크를 블로킹 커버로 연결한 다음 새로운 흐름으로 다시 공격을 시도한다.

① 5명(전위 2명, 후위 3명)이 코트에 들어가서 전위 중 1명이 때리는 스파이크나 찬스볼을 후위 3명 중 1명이 리시브한다

② 리시브하지 않은 2명 가운데 1명이 2단 토스를 레프트나 라이트로 올린다

③ 전위 공격수가 리턴 보드를 향해 스파이크를 때린다. 튕겨나오는 볼을 후위 3명 중 1명이 블로킹 커버로 연결한다

④ 커버하지 않은 선수 중 1명이 반대쪽 사이드로 2단 토스를 올리고, ③부터의 흐름을 반복한다

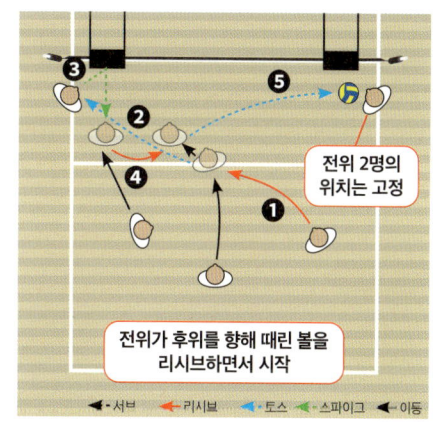

백어택 게임

인원수	6명 이상
장소	코트 전체
레벨	중급~상급

실전 연습

목표 백어택(어택 라인보다 뒤쪽에서 하는 공격) 공격으로만 랠리를 이어간다. 도움닫기를 확실하게 하고, 강하고 길게 때리는 감각이 몸에 배도록 한다.

① 각 코트에 3명씩 들어가고, 공격은 백어택으로 제한해서 랠리를 이어간다

세터는 고정하지 않고, 리시브하지 않은 선수가 담당한다.

② 각 코트에 4명씩 들어가는데, 그중 1명은 세터로서 전위에 고정하고, ①과 같은 방법으로 연습한다

세터가 1명밖에 없는 경우는 세터가 그때그때 반대쪽 코트로 넘어가서 양 팀의 세터를 겸임한다(총 7명이 플레이).

조언 한 랠리에 반드시 3명이 볼을 터치하고, 전위 공격은 불가하며 백어택은 상대의 정면을 겨냥하는 등 조건을 바꿔서도 연습한다.

코트 제한 배구(신기루 배구)

인원수	6명 이상
장소	코트 전체
레벨	중급~상급

실전 연습

목표 코트를 세로로 반만 사용하거나 어택 라인 앞으로만 한정하는 등 공간을 제한해서 플레이한다. 한정된 선택지 가운데 최적의 플레이를 선택하는 판단력과 실행할 수 있는 기술을 익힌다.

예를 들면 세로로 반 나눈 코트에서 3 대 3 게임을 한다. 이때 블로킹은 1명만 담당하는 등 수준에 맞춰 규칙을 설정한다

코트 크기와 인원수를 다양하게 조합하여 실시해 보자. 오른쪽 그림의 경우 공격팀은 크로스로 스파이크를 때리지 못하는 상황에서 어떻게 점수를 낼지 생각한다.

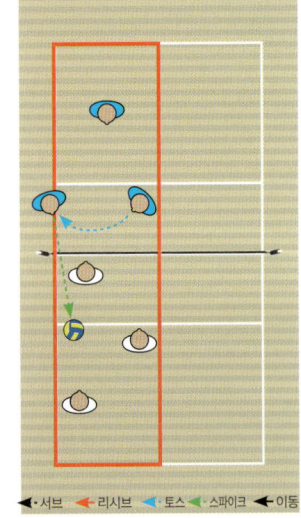

체육관에는 다양한 라인이 그어져 있다. 그 라인이 네트를 사이에 두고 대칭 모양이면 그곳만 공격할 수 있게 공격 코스를 한정하는 방법도 있다. 또한, 한 손으로만 볼을 컨트롤하는 조건을 설정할 수도 있다.

실전 연습

5 대 5 게임

인원수	10명
장소	코트 전체
레벨	중급~상급

목표 백어택 게임(메뉴 169)의 응용 연습. 각 코트에 5명씩 들어가고, 도전하고 싶은 과제를 설정한 다음 그 상황이 여러 번 일어날 수 있는 규칙으로 연습한다.

① 각 팀의 5명은 세터 1명, 전위 공격수 1명, 후위 리시버 3명으로 구성한다

② 공격은 전위에서는 퀵, 후위에서는 백어택 공격만 허용한다

상대 팀으로부터 점수를 따내려면 어떻게 해야 하는지 자신이 할 수 있는 최고의 플레이를 순간적으로 판단해서 실행으로 옮긴다. 인원 배분과 공격할 때의 규칙은 자유롭게 바꿔도 된다. 블로킹은 상대가 전위에서 공격할 때만 가능하고, 전위에서 페인트 공격은 금지하는 등 익히고 싶은 기술과 전술에 맞춰 규칙을 설정하여 연습한다. 팀 인원이 많으면 스파이크를 때린 사람은 포지션에 상관없이 교대하는 방식으로 진행한다.

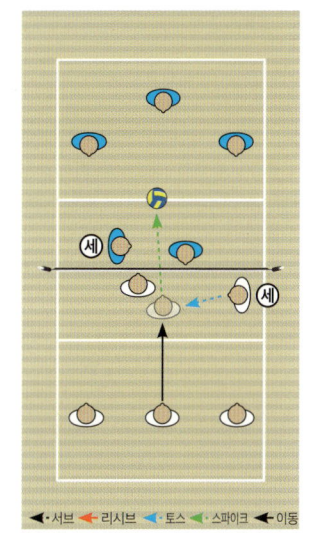

◀ 서브 ◀ 리시브 ◀ 토스 ◀ 스파이크 ◀ 이동

실전 연습

페인트·푸시·롤 샷 게임

인원수	4명 이상
장소	코트 전체
레벨	중급

목표 상대 코트를 파악한 후에 빈틈을 노려 페인트나 푸시 같은 연타(힘을 빼고 볼을 때리는 것)로 볼을 보내는 컨트롤 연습이다. 연타로 득점하는 법을 익힌다.

연타로만 게임을 진행한다

인원은 2 대 2, 6 대 6처럼 여러 명이 실시해도 된다. 패스한 다음 도움닫기하면서 상대 코트를 꼼꼼히 살펴 볼이 들어갈 만한 곳을 파악한다. 도움닫기나 준비 동작으로 상대의 움직임을 유도한 다음 반대쪽으로 허를 찌르는 등 다양한 연타 공격을 연습한다.

조언 순간적으로 상대 코트를 볼 수 없는 경우는 미리 어디로 볼을 보낼지 서로 정해 놓고 연습해도 좋다.

MENU 173 　실전 연습

에어 배구

인원수	12명
장소	코트 전체
레벨	중급

목표 볼을 사용하지 않고 상상만으로 랠리를 이어간다. 동료나 상대의 움직임에 따라 다음 플레이를 떠올리고, 서로 같은 움직임을 예상했는지 확인한다. 공통의 이미지를 만드는 것이 목적이다.

볼이 있다고 상상하며 랠리를 진행한다

수준이 높은 팀일수록 이미지를 공유하면서 랠리가 이어지지만, 경험이 적은 팀은 볼이 여러 개로 나뉘는(여러 명이 다양한 장소로 볼을 쫓는다) 현상이 일어난다.

볼이 있다고 상상하며 때린다

볼의 코스를 예측한다

조언 랠리 중에 지시나 제스처를 주고받는 등 감정 표현이나 의사소통 능력도 단련해 보자. 다양한 곳에서 파인 플레이가 나와 팀 분위기를 띄우는 의미에서도 재미있는 연습이다.

MENU 174 　실전 연습

9인제 규칙 배구

인원수	8명 이상
장소	코트 전체
레벨	중급

목표 블로킹 원터치를 1번으로 세고, 남은 2번으로 상대 코트에 볼을 넘긴다. 볼이 네트에 닿으면 1번 더 터치하는 등 9인제 배구 규칙으로 게임을 실시하며 볼 컨트롤 능력을 높인다.

6 대 6(5 대 5나 4 대 4도 OK)으로 9인제 배구 규칙에 따라 게임을 실시한다

블로킹으로 볼을 터치하는 것을 1번으로 세고, 남은 2번 안에 상대 진영으로 볼을 넘겨야 한다. 두 번째 터치로 공격한다면 첫 번째 터치로 공격수에게 토스를 올려야 한다.

조언 단순히 볼을 올리는 것이 아니라 아군 공격수가 때리기 쉬운 곳에 정확하게 볼을 보내는 리시브(세팅) 기술이 필요하다. 이것이 가능해지면 응용 연습으로 페이크 세팅(스파이크를 때리는 것처럼 보인 다음 토스를 올린다)도 연습한다.

실전 연습

어택VS블로킹&디그

인원수	12명
장소	코트 전체
레벨	중급~상급

목표 공격 측은 A패스, B패스, C패스로부터 공격을 전개한다. 수비 측은 블로킹과 디그를 연계하여 다양한 공격에 대응하는 힘을 기른다.

① 공격 측은 전위에 2명, 백어택 허용 등 공격 인원과 방법을 지정한다

처음에는 레프트 평행(레프트에서의 빠른 토스)과 A퀵, 백어택 금지 등 공격 방법을 정해 놓는다. 그 후에는 공격 인원만 지정하고, 자유롭게 공격하는 방식으로 조금씩 연습 레벨을 올린다.

② 수비 측은 상대 팀의 토스 상황을 보고, 어떤 공격이 올지 판단한 다음 블로킹과 디그의 형태를 갖춰 대응한다

블로커는 리시버와 연계하여 토탈 디펜스(블로킹과 디그의 연계를 강화하는 것)를 실시하도록 한다. 디그하면 3번 이내에 상대 코트로 볼을 넘긴다. ①~②의 연습을 여러 번 반복한다.

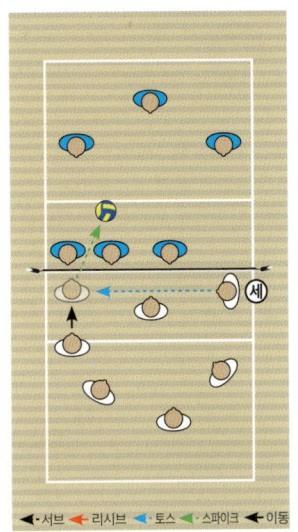

◀서브 ◀리시브 ◀토스 ◀스파이크 ◀이동

실전 연습

브레이크VS사이드 아웃

인원수	12명
장소	코트 전체
레벨	중급~상급

목표 서브 측(브레이크 측)은 서브로 상대를 무너뜨린 후에 어떻게 블로커와 리시버가 연계하여 점수로 연결할지, 서브 리시브 측(사이드 아웃 측)은 어떻게 무너지지 않고, 서브를 받아낸 다음 공격을 완성할지를 생각하며 연습한다.

① 서브를 어디로 때릴지 생각하며 게임을 시작한다

서브를 어디로 때릴지, 상대의 어디를 무너뜨리면서 공격의 선택폭을 좁히고 블로킹을 할지, 어떻게 리시버와 연계하여 디펜스할지를 팀 동료와 공유하고 서브를 때린다. 다양한 상황에 대한 경험을 쌓으면서 서버, 블로커, 리시버와 팀워크를 강화해 간다.

② 서브 리시브 쪽은 가능하면 세터가 움직이지 않고 볼을 세팅하는 것을 목표로 한다

세터가 움직였다 해도 '틀렸다'고 생각하지 말고, 다른 공격 패턴(전개)이라고 여기며 그 상황에 맞는 공격 패턴을 연습한다.

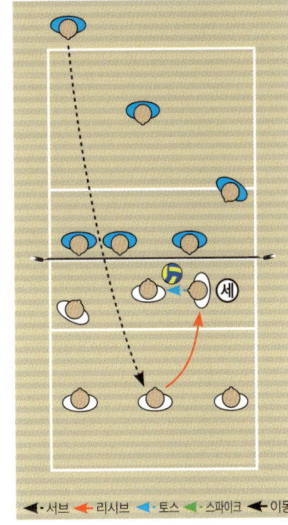

◀서브 ◀리시브 ◀토스 ◀스파이크 ◀이동

MENU 177	실전 연습	인원수 12명

워시 게임

인원수 12명
장소 코트 전체
레벨 상급

목표 자기 과제를 명확하게 하고, 그 포인트에 특화된 연습을 실시한다. 두 팀이 교대로 서브를 주고받고 로테이션을 돌면서 연습한다. 아래에 한 예를 소개한다.

아래 표처럼 볼 3개를 1세트로 해서 로테이션하며 게임을 실시한다. 볼 3개 가운데 몇 개 성공했는지에 따라 양팀의 점수가 바뀐다. 볼 3개를 어떤 상황으로 설정할지는 자유롭게 정한다.

● **점수 매기는 법**
○점 매치, 또는 로테이션 ○바퀴가 끝나면 경기 종료 등 규칙을 정하고 실시한다.

서브 리시브 쪽 (B팀)		서브 쪽 (A팀)	
볼 3개 중 성공 개수	득점	볼 3개 중 성공 개수	득점
3개	1점	0개	0점
2개	0점	1개	0점
1개	0점	2개	1점
0개	0점	3개	2점

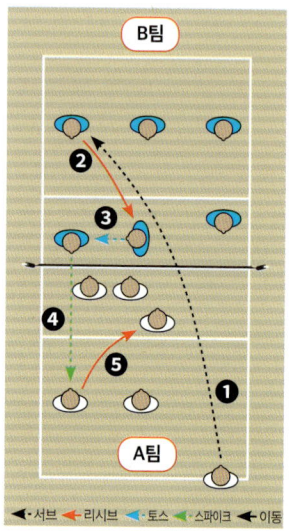

◀ 서브 ◀ 리시브 ◀ 토스 ◀ 스파이크 ◀ 이동

① **A팀의 서브(첫 번째 볼)로 시작**
A팀은 서브&블로킹&디그, B팀은 서브 리시브한 다음 공격한다(그림 참고). 랠리가 끝날 때까지 실시한다.

② **A팀의 라스트 볼(두 번째 볼)로 시작**
라스트 볼(스파이크로 연결되지 못하고 상대 코트로 넘어가는 볼) 상황을 염두에 두고, B팀에 넘긴 라스트 볼로 공격을 시작한다. 라스트 볼은 비록 스파이크가 아니지만, 상대가 공격으로 연결하기 힘든 곳을 노려서 보내는 것이 기본이다. 라스트 볼은 밖에 있는 선수(코치 등)가 A팀을 향해 볼을 보내면, A팀은 다이렉트로 B팀에 볼을 넘긴다. 랠리가 끝날 때까지 진행한다.

③ **B팀으로 넘어간 찬스볼(세 번째 볼)로 시작한다**
찬스볼은 밖에 있는 선수(코치 등)가 B팀을 향해 넘긴다. 랠리가 끝날 때까지 진행한다.

조언
예시를 살펴보면 서브를 넣는 A팀은 어떻게 서브로 상대를 무너뜨리고, 공격으로 연결할지에 대한 과제에 임할 수 있고, 서브 리시브를 하는 B팀은 서브 리시브나 찬스볼이 오는 상황에서 어떻게 공격을 구성할지에 대한 과제에 임할 수 있다. 평소 실전 형식의 연습에서는 좀처럼 자신의 과제로 연습할 기회가 없으므로 과제를 달성하면 점수를 딸 수 있도록 볼 3개의 상황을 자유롭게 설정하여 연습한다. 참고로 두 팀 모두 0점이 되는 경우를 '워시(wash)'라고 한다. 즉, 두 팀이 0점으로 승부가 나지 않는 게임을 진행해 나간다는 의미에서 붙인 이름이다.

| MENU 178 | [실전 연습] **세트 후반 점수 따기 게임** | 인원수 12명
장소 코트 전체
레벨 중급 |

목표 배구에서는 20점 이후가 승부의 열쇠라고 일컬어진다. 20점 이후부터 얼마나 확실하게 점수를 따고 승부를 결정할 수 있는지를 생각하며 게임을 이어간다. 끝날 때까지 방심해서는 안 된다.

스코어를 20 대 20(바꿔도 된다)으로 설정하여 게임을 실시한다. 먼저 5점(총 25점)을 따는 팀이 승리한다

24점에 도달한 팀은 다음 포인트(25점째)를 연속(브레이크)으로 따지 못하면 20점으로 돌아가서 그대로 게임을 이어간다.

조언

경기를 리드하더라도 마지막에 연속으로 점수를 내며 승리로 이어가는 것은 어렵다. 마지막까지 방심하지 말고, 상대로부터 어떻게 점수를 딸지 코트에서 생각을 공유하며 연습해 보자.

| MENU 179 | [실전 연습] **목표 달성 내기 게임** | 인원수 12명
장소 코트 전체
레벨 상급 |

목표 배구는 자기가 하고 싶은 플레이를 하면서 상대가 하고 싶은 플레이를 막는 것이 중요하다. 게임 형식으로 자신의 목표를 실천하면서 상대의 목표를 파악하고, 그것을 달성하지 못하게 대응하는 연습을 해 보자.

① 세트마다 팀끼리 모여서 '이 부분의 수비를 철저히 하자'는 등 구체적인 사안을 공유한다

② 아군 팀의 목표를 실천하면서 플레이함과 동시에 상대 팀의 목적을 파악하고, 그것을 달성하지 못하도록 대응한다

③ 시합 후에 서로의 팀 목표가 무엇이었는지 그것에 대응했는지 여부를 서로 확인한다

어려우면 공격과 수비 방법 몇 가지를 미리 정해 놓고, 그 가운데 하나를 골라 교대로 연습한다. 끝난 후에는 연습 내용을 되짚어본다.

MENU 180 〔실전 연습〕

팀 수준에 따라 조건이 다른 게임

인원수	8명 이상
장소	코트 전체
레벨	중급~상급

목표 두 팀 사이에 실력 차가 크거나 인원이 맞지 않아서 6 대 6 형식으로 게임을 할 수 없는 경우, 인원과 규칙 같은 조건을 다시 설정하여 선수 개개인의 실력 향상을 꾀하며 연습한다.

6 대 6으로 게임을 한다

A와 B팀으로 나눌 때, 실력 있는 선수가 A팀에 모이면 평소 시합 형식으로는 A팀이 이기는 경우가 많아지고, 그만큼 두 팀 모두 필요한 성과를 올리기 어려워진다. 이 경우에는 A팀에 아래와 같이 어려운 조건을 걸고 시합을 진행한다.

예: **A팀 공격은 노터치로 들어갔을 때만 득점으로 인정한다.**
　　B팀 공격에 대응하는 블로킹은 1명만 한다.
　　A팀은 찬스볼 서브만 보낸다.
　　A팀은 중앙에서만 공격한다.

그 밖에 단순하게 한 팀의 인원을 줄여서 6 대 5, 6 대 4로 게임을 해도 좋다.

MENU 181 〔실전 연습〕

과제 달성 2점 게임

인원수	12명
장소	코트 전체
레벨	상급

목표 선수 개인과 팀 과제를 설정하고, 그 과제를 성공하면 점수를 2점 따는 것으로 해서 게임을 실시한다. 상대가 경계하는 가운데 2점을 따기 위해 도전할 것인지, 안정적으로 1점을 딸 것인지 심리전과 전술을 갈고닦는다.

팀 과제나 선수 개개인의 과제를 설정하고 그 과제를 달성하기 위한 공격이 성공하면 2점을 따는 형식으로 게임을 실시한다

백어택이 과제라면 백어택 공격이 성공하면 2점, 블로킹을 갈고닦고 싶다면 셧아웃을 성공했을 때 2점 등 과제를 자유롭게 설정한다.
공격 수단을 늘리는 과제의 예:
페인트나 투 어택이 성공하면 2점
볼을 연결하는 과제의 예:
블로킹 커버를 한 후에 공격이 성공하면 2점 등
자신과 팀의 과제 달성을 위해 무엇을 해야 하는지 늘 생각하는 습관을 만든다.

| MENU 182 | 실전 연습 | **아이언맨** | 인원수 8명 이상
장소 코트 전체
레벨 상급 |

목표 개인 또는 팀 과제를 설정하고, 그것을 클리어할 때까지 계속 플레이한다. 정신적인 면에서도, 체력적인 면에서도 스테미너가 요구되는 메뉴다. 집중력이 떨어지면 다치기 쉬우므로 주의하며 연습하자.

1. 개인의 실력 향상을 도모하고 싶은 경우, 그 선수와 세터가 들어가서 과제를 달성할 때까지 계속 플레이한다

상대 코트에는 6명이 들어간다. 찬스볼에서 3번 연속으로 스파이크 성공하기 같은 과제를 설정하고, 실수하면 처음으로 돌아가서 다시 시작한다. 왜 지금은 안 되었는지, 어떻게 하면 성공할 수 있을지를 생각하고 수정하면서 플레이한다.

2. 팀의 실력 향상을 도모하는 경우 6 대 6으로 실시한다

공격수 전원이 1번씩 스파이크 성공하기 같은 과제를 설정하고, 그 과제 달성을 목표로 한다.

| MENU 183 | 실전 연습 | **킹 오브 더 코트** | 인원수 4명 이상
장소 코트 전체
레벨 중급~상급 |

목표 2인 1조나 3인 1조로 팀을 짜고, 승리 조건을 설정한 다음 게임을 진행한다. 승리한 팀은 계속 남고, 진 팀은 다음 팀과 바꾸는 방식이다. 킹 코트와 챌린지 코트로 나누어서, 이기면 킹 코트로 이동하고 계속해서 게임을 이어간다.

1. 챌린지 코트 쪽의 서브로 시작한다. 시간 안에 점수 많이 내기, 10점 먼저 따기 같은 승리 조건을 설정하고 게임을 한다

규칙은 보통 배구와 같아도 되고, 백어택만 허용하는 등의 규칙을 설정해도 된다.

2. 챌린지 코트의 팀이 이기면 킹 코트로 이동해서 같은 방식으로 게임한다

진 팀은 챌린지 코트 그룹의 뒤쪽에서 대기한다. 승리한 팀은 킹 코트에서 게임을 계속 이어간다.

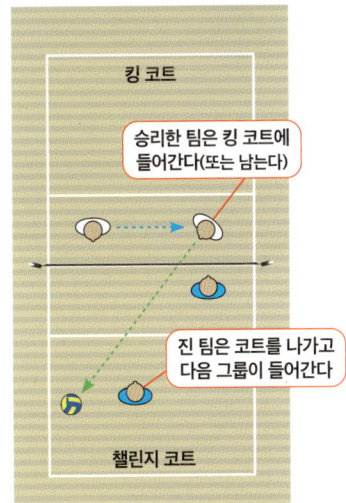

MENU 184 — 서브부터 백어택

개인 실전 연습

인원수	2명
장소	코트 전체
레벨	중급

목표 실제 시합에서 서버는 서브를 때리면 끝이 아니다. 상대 공격을 디그로 연결하고 공격을 전개해야 한다. 하나하나의 스킬을 연속으로 실시하고, 기술과 플레이의 흐름을 익히자.

'서브', '디그', '백어택' 같은 일련의 흐름을 멈추지 않고 이어간다

볼을 보내는 선수 1명과 연습하는 선수 1명이 실시한다. 먼저 원하는 곳으로 서브를 때리고 그 후에 자신의 포지션으로 이동한다. 그다음 날아오는 상대의 스파이크를 디그하고, 마지막에는 다른 볼로 올린 토스를 백어택으로 때린다. 자신이 각 포지션에서 어떻게 움직여야 하는지 생각하면서 시합에서 실제로 일어날 수 있는 흐름을 상상하며 연습한다.
또한, 서브한 후에 디그는 2단 토스로 하거나 스파이크로 날아오는 것이 아니라 블로커가 원 터치한 볼을 처리해야 하는 등 다양한 상황을 연출하여 실전 연습을 한다.

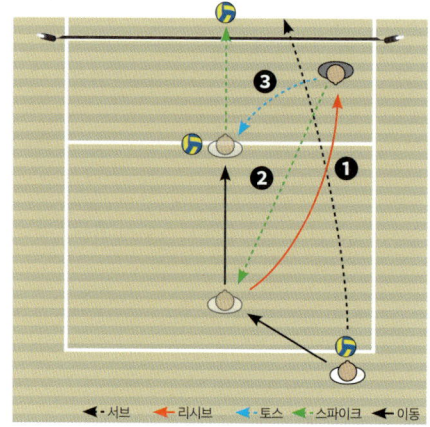

◀ 서브 ◀ 리시브 ◀ 토스 ◀ 스파이크 ◀ 이동

MENU 185 — 디그에서 스파이크&블로킹

개인 실전 연습

인원수	4명
장소	코트 전체
레벨	중급

목표 디그(또는 서브 리시브)를 걷어 올려서 스파이크로 연결한 다음 성공하지 못했을 때를 염두에 두고, 블로킹에 들어가는 패턴을 연습한다.

상대 코트에는 볼을 넘기는 선수 2명, 아군 진영에는 세터와 공격수가 들어간다. 상대 코트에서 넘어온 스파이크(또는 서브)를 걷어 올린 다음 그대로 스파이크, 블로킹까지 일련의 흐름으로 연습한다

먼저 상대 코트 받침대 위에서 상대가 스파이크(서브)를 때리면 디그(서브 리시브)한 다음 곧바로 스파이크 도움닫기 동작으로 전환한다. 이어서 아군 진영에 있는 세터가 손으로 던져주는 토스를 스파이크하고, 상대가 플레이를 연결했다고 생각하며 블로킹 포지션으로 들어간다. 마지막에는 다른 볼로 상대 코트 받침대 위에서 상대가 스파이크를 날리면 블로킹으로 그 볼을 막는다. 이 일련의 흐름을 멈추지 말고 이어간다.

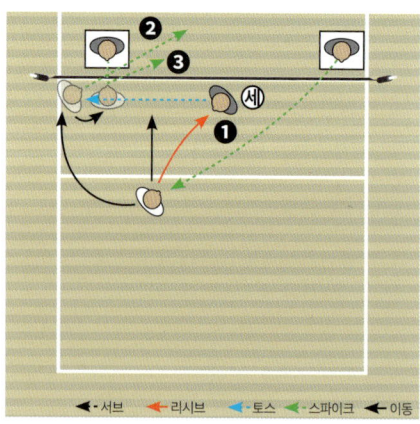

◀ 서브 ◀ 리시브 ◀ 토스 ◀ 스파이크 ◀ 이동

제 **8** 장

바디컨트롤

기술 향상을 빠르게 하고 싶다면 바디컨트롤을 연습 과정에 포함하는 것이 좋다.
견갑골과 고관절의 가동 범위를 넓히고, 움직임이 좋은 몸을 만들자.

다양한 플레이에 도움되는 몸 만들기

바디컨트롤의 요령과 포인트

배구뿐만 아니라 스포츠 전반에 공통적으로 해당되는 중요한 능력은 자신의 몸을 자유자재로 다룰 수 있는 능력이다. 자기 몸을 다룰 줄 알아야 비로소 볼을 원하는 곳으로 움직일 수 있고, 자신이 원하는 플레이에 점점 가까워진다. 몸을 자유롭게 다룬다는 것은 더욱 빠르고 강하게, 군더더기 없이 움직여 동작의 질이 높다는 것이다. 그러한 능력을 향상시키는 것이 바로 바디컨트롤이다.

예를 들어 쫓아가서 아슬아슬하게 손댈 수 있는 볼을 늘 놓친다면, 이를 볼 연습으로 개선할 수도 있지만, 다리를 빠르게 움직일 수 있도록 강화하는 것도 좋은 방법이다. 발이 빨라지면 여유를 가지고 움직일 수 있어 이전에는 처리하기 어려웠던 볼을 손쉽게 해결할 수 있다. 배구의 과제는 반드시 볼을 다루는 연습만으로 해결할 필요는 없다는 것이다.

이전에 필자가 이끌던 U18(under 18, 18세 이하) 일본 국가대표 선수단이 아시아 선수권 대회에서 우승을 거머쥐었을 때, 필자는 현지에 도착한 후 연습 장소로 배정받은 코트를 취소하면서까지 바디컨트롤에 시간을 쏟아붓고, 선수들의 몸 개선을 우선시했다. 특히 10대 선수는 성장이 빠르고, 몸의 변화가 곧바로 플레이에 반영된다. 바디컨트롤 연습을 하지 않고 배구만 하는 것은 너무나 아까운 짓이다.

바디컨트롤의 4가지 메리트

손과 발뿐만 아니라 이들과 연결된 코어(동체)를 균형 있고 능숙하게 활용할 수 있게 된다. 결과적으로 퍼포먼스도 향상된다.

쓸데없는 힘을 사용하지 않고, 효율적으로 몸을 움직일 수 있게 된다.

쓸데없는 힘을 사용하지 않으므로 잘 지치지 않는다.

동작을 잘 따라 할 수 있게 되어 잘하는 사람의 플레이를 보고 움직임을 흡수할 수 있다.

효율적인 도입 방법은?

바디컨트롤의 좋은 점은 혼자서도 할 수 있다는 점이다. 연습할 때 자투리 시간, 목욕 후나 자기 전에 해도 좋다.

물론, 여럿이 같이 해도 상관없다. 팀 전원이 훈련할 때는 정확하게 움직이는지 서로 체크해 줄 수 있다는 점이 큰 메리트다. 연습 초반의 15분은 모두가 잘 안 되는 동작을 해 보거나 배구에서 몸을 움직일 때 반드시 필요한 고관절과 견갑골에 관련된 운동 메뉴를 소화하고, 개인에 따라 부족한 부분은 각자 집에서 하는 방법도 좋다. 단, 혼자서 실시하는 경우에는 정확한 자세로 한다고 해도 실제로 자세가 올바르지 않은 경우가 많다. 따라서 가족에게 동작을 봐 달라고 하거나 촬영하는 등 여러 방법으로 확인하는 것이 좋다.

틈틈이 시간을 내서 꾸준히 하면 몸의 움직임이 점점 좋아지는 것을 느낄 수 있을 것이다. 움직임이 향상된 몸으로 연습하면 자연스럽게 연습의 질도 높아진다. 또, 매일 지속하면 자신의 몸 상태(어디가 잘 안 움직이는지, 좌우 차이 등)와 하루하루의 변화를 알 수 있다. 그것을 확립한다는 의미에서도 바디컨트롤은 중요하다. 덧붙여 바디컨트롤 메뉴는 동작 하나만 정확하게 실시해도 다양한 플레이에 좋은 영향을 미친다. 예를 들어 몸의 기둥인 척추를 자유롭게 컨트롤할 수 있게 되면 패스·서브·리시브·공격·블로킹을 할 때 효율적으로 움직일 수 있다.

바디컨트롤을 할 때는 편안한 상태에서 몸의 감각에 의식을 집중한다. 처음에는 사진과 똑같이 동작을 따라 하지 못할 수 있는데, 억지로 하지 말고, 가능한 범위와 통증이 없는 범위에서 실시하도록 하자. 참고로 이 동작들은 누구나 할 수 있는 동작으로 구성했다. 매일 꾸준히 연습하며 몸의 변화를 실제로 느껴보자.

메뉴 하나가 다양한 플레이에 좋은 영향을 미친다

캣&도그(메뉴 192)

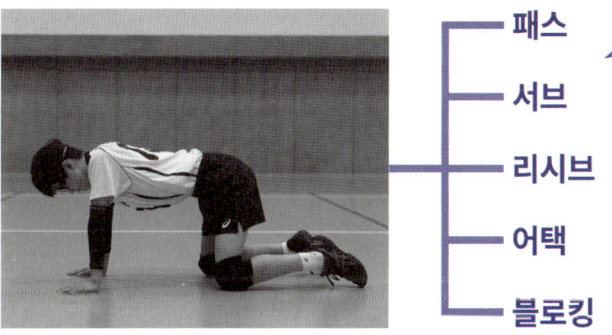

다양한 동작에 효과가 있는 메뉴는 아이콘으로 표시했다
(책 사용법 5p 참고)

패스
서브
리시브
어택
블로킹

척추의 유연성을 늘리는 캣&도그 동작을 익히면 몸의 축이 안정되는 동시에 척추의 가동 범위도 넓어져서 다양한 배구 동작의 질적 향상으로 이어진다.

실	횟수	좌우 5번
	장소	제한 없음
	레벨	초급

MENU 186 〔견갑골 가동 범위 향상〕

손에 볼 올리고 팔 뒤집기

목표 볼을 잡지 않고 무게를 느끼면서 견갑골과 흉곽의 움직임을 활용해 팔을 뒤집는다. 몸 중심에서 말단의 손으로 유연하게 힘을 전달할 수 있게 된다.

① 볼을 한쪽 손바닥에 올린다

② 볼을 손바닥에 올린 채로 바깥으로 돌린다

③ 볼을 떨어뜨리지 않고 손을 뒤집는다

어깨를 넣는다

반대쪽도 똑같이 실시한다

어	실	횟수	좌우 5번
		장소	코트 전체
		레벨	초급

MENU 187 〔견갑골 가동 범위 향상〕

볼 돌리기

목표 손에 볼 올리고 팔 뒤집기(메뉴 186)와 마찬가지로 볼을 익숙하게 다루는 것이 목적이다. 견갑골과 척추를 비스듬하게 움직이며 팔까지 힘을 잘 전달해야 볼이 바닥으로 떨어지지 않는다.

① 볼을 한쪽 손바닥에 올린다

② 팔꿈치와 손목을 구부리며 볼이 옆구리를 지나가게 한다

③ 볼을 떨어뜨리지 않고 손을 뒤집는다

MENU 188	견갑골 가동 범위 향상	**볼 푸시**		어 실	횟수	좌우 5번
					장소	코트 전체
					레벨	초급

목표 팔꿈치가 볼 바로 아래에 있는 상태에서 볼의 무게를 느끼며 움직이는 연습이다. 팔꿈치, 어깨, 척추와 몸이 연결돼 있는 것을 자연스럽게 인지할 수 있게 된다. 힘으로 무리하게 컨트롤하지 않는다.

① 천장을 보고 누워서 한 손으로 볼을 잡는다

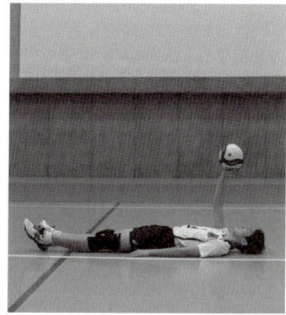

② 볼을 든 채로 일어난다

③ 일어난 다음 반대로 움직이며 ①로 돌아간다

MENU 189	견갑골 가동 범위 향상	**볼 잡기**		리 실	횟수	10번
					장소	코트 전체
					레벨	초급

목표 타이밍 맞춰 볼을 컨트롤하는 것이 목적이다. 어느 손이 위로 오든 성공할 수 있도록 한다. 스쿼트 동작을 추가하면 리시브할 때의 타이밍 잡기 연습도 된다.

① 일어서서 볼을 위로 던진다

② 스쿼트하면서 두 손을 교차해 볼을 잡는다

☑ **CHECK!**
가장 깊이 앉은 자세에서 볼을 잡는다. 어려우면 서 있는 상태로 두 손을 크로스하여 잡는 연습부터 시작한다.

MENU 190	견갑골 가동 범위 향상

테니스볼 잡기

어	횟수	좌우 5번
	준비물	테니스볼
	레벨	초급

목표 이너 스파이크를 때릴 때 활용하는 팔과 어깨 사용법을 익힌다. 실제로 힘을 주어 어깨를 비틀 때는 팔과 어깨만 움직이지 말고, 타이밍 맞춰 자세도 바꾸도록 한다.

① 테니스볼을 원 바운드한다

② 손을 뒤집어 뒤로 뻗는다

③ 등 뒤에서 손으로 볼을 잡는다

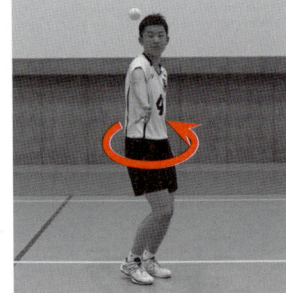

MENU 191	척추 움직임 개선

하프 브루코

리	횟수	5번
	장소	제한 없음
	레벨	초급

목표 '브루코(bruco)'란 이탈리아어로 애벌레라는 뜻이다. 다리 사이에 볼을 끼우고 애벌레처럼 팔다리를 사용하지 않고 뒤로 구른다. 척추를 따라 부드럽게 움직이는 데 익숙해지면 어깨와 무릎의 부담이 줄어든다.

① 천장을 보고 누워서 두 발을 들어 올린다

② 발끝을 머리 위로 넘겨서 바닥에 댄다

③ 뒤구르기를 하듯이 엎드린다

척추 움직임에 집중하며 동작한다

마지막에 고개를 뺄 때 좌우 모두 할 수 있도록 한다

| MENU 192 | 척추 움직임 개선 | **캣&도그** | 패서리어블 | 횟수 10번 / 장소 제한 없음 / 레벨 초급 |

목표 척추를 둥글게 말았다가 뒤로 젖히는 동작을 반복하면서 자유롭게 움직일 수 있도록 한다. 움직이는 포인트를 허리, 명치의 뒤쪽, 등 위쪽으로 조금씩 이동시키면 더욱 효과적이다.

① 두 손과 무릎을 바닥에 대고 네발 기기 자세를 취한다

② 얼굴을 두 팔 사이에 넣으며 등을 둥글게 만다

③ 견갑골을 가운데로 모으고 등을 젖힌다

무릎은 골반 바로 아래
손목은 어깨 바로 아래

바닥을 누른다

한 번에 힘을 빼고 등을 젖힌다

| MENU 193 | 척추 움직임 개선 | **캣&도그 서클 버전** | 패서리어 | 횟수 좌우 5번 / 장소 제한 없음 / 레벨 초급 |

목표 평면적인 캣&도그 동작과 달리 3차원적으로 움직이면서 척추를 유연하게 한다. 굴곡이나 신전뿐만 아니라 측굴 방향으로도 움직이자.

① 두 손과 무릎을 바닥에 대고 네발 기기 자세를 취한다

② 머리 쪽에서 봤을 때 명치로 원을 그리며 움직인다

☑ **CHECK!**
움직이기 힘든 방향이 있는 경우 반대 방향으로 머리를 움직이면 이에 따라 척추가 함께 움직이게 되어 결과적으로 등의 움직임이 부드러워진다.

MENU 194 | 팔의 움직임 개선

엘보 서클

패리 | 횟수: 좌우 5번 | 장소: 코트 전체 | 레벨: 초급

목표 팔꿈치(엘보)를 쥐어짜는 듯한 움직임으로 코어를 사용해 팔을 유연하게 움직이는 것이 목적이다. 리시브할 때 몸 앞에서 두 팔로 면을 만들어 원하는 방향으로 볼을 보내기 쉬워진다.

① 몸 앞에서 두 손의 손바닥과 팔꿈치를 맞댄다

② 팔꿈치를 붙인 채로 몸 앞에서 원을 그린다

③ 팔꿈치를 최대한 높이 올리고 동작한다

몸을 뒤로 젖히지 않도록 주의!

MENU 195 | 견갑골과 척추 움직임 개선

손으로 8자 그리기 운동

패리 | 횟수: 좌우 5번 | 장소: 제한 없음 | 레벨: 초급

목표 양쪽 팔꿈치부터 손끝까지 붙인 다음 몸 앞에서 8자를 그린다. 깔끔하게 8자를 그릴 수 있게 되면 견갑골과 척추의 움직임이 부드러워질 것이다. 이 동작은 견갑골을 움직이기 어려운 부분도 자각할 수 있다.

① 두 팔로 몸 앞에서 8자를 크게 그린다

② 반대 방향으로도 같은 동작을 한다

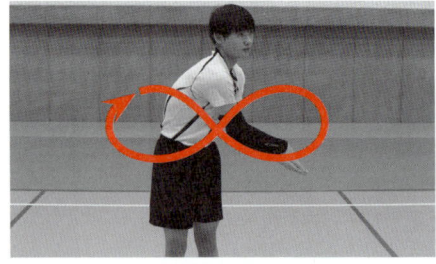

☑ **CHECK!** 양쪽 팔꿈치를 붙인 채로 손을 멀리 보내는 느낌으로 연습한다.

☑ **CHECK!** 두 손을 먼저 보내고 팔꿈치가 뒤에 자연스럽게 따라가도록 한다.

MENU 196 （견갑골 가동 범위 향상） 블

만세 자세에서 견갑골 넣고 빼기

횟수	10번
장소	제한 없음
레벨	초급

목표 만세 자세에서 손끝을 높이 뻗어 올리며 견갑골을 위로 움직인다. 손끝의 최대 높이를 확인하고, 공중에서 그 높이까지 두 손을 올리도록 한다. 배에 힘을 주면 손을 뻗기 쉽다.

① 똑바로 서서 만세 자세를 취한다

② 견갑골을 한쪽씩 위로 올리면서 손끝을 최대한 높이 위로 뻗는다

③ ②와 같은 요령으로 양쪽 견갑골을 동시에 위로 움직인다

허리를 젖히면 등이 경직돼서 손을 뻗기 힘들어지므로 주의한다

MENU 197 （견갑골 가동 범위 향상） 블 실

스쿼트하며 견갑골 안쪽으로 모으기

횟수	10번
장소	제한 없음
레벨	초급

목표 고관절을 사용해 자세를 낮춘 상태에서 견갑골을 안쪽으로 최대한 모은다. 팔을 중력의 반대 방향으로 움직여야 하기 때문에 근력이 없으면 견갑골이 안쪽으로 모이지 않고, 어깨에만 부하가 걸린다.

① 스쿼트 자세로 무릎을 조금 굽혀 자세를 낮춘 상태에서 두 팔을 T자 모양으로 만든다

② 견갑골을 모으면서 두 팔을 W자 모양으로 만든다

③ 견갑골을 뻗으면서 두 팔을 V자 모양으로 만든다

엄지손가락은 천장을 향한다

넓적다리 뒤쪽(햄스트링)에 힘이 들어가는 자세에서 시작

주먹을 쥔다

MENU 198 척추 움직임 개선

코모도왕도마뱀

횟수	5번
장소	제한 없음
레벨	초급

실

목표 코모도왕도마뱀처럼 척추를 좌우로 크게 구부리며 땅을 기듯이 걷는다. 척추부터 움직이고 뒤따라 팔다리가 움직이는 느낌으로 몸의 연동성을 기르는 것이 목표다. 다이내믹한 동작을 의식하자.

① 두 팔과 다리를 바닥에 대고 손을 멀리 뻗는다

② 척추 움직임에 집중하면서 손발을 번갈아 앞으로 움직여 나아간다

③ 바로 위에서 봤을 때 척추가 C자 모양이 되도록 한다

MENU 199 고관절 유연성 향상

프리 코모도

횟수	좌우 3초×3번
장소	제한 없음
레벨	초급

리 어

목표 고관절과 엉덩이를 늘리는 스트레칭. 플레이 중 한 걸음 앞으로 발을 내디딜 때 정강이가 불안정하지 않고, 몸에 좋은 포지셔닝을 설정하는 데 도움이 된다.

① 발을 앞뒤로 크게 벌리고 두 팔꿈치가 바닥에 닿도록 상체를 숙인다

② 옆에서 봤을 때 앞쪽 다리의 무릎이 가장 높은 위치에 오도록 한다

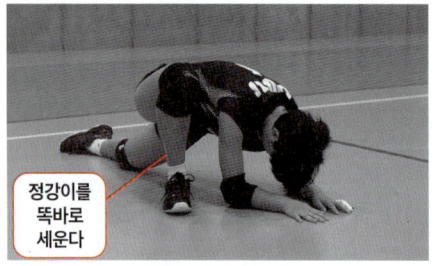

정강이를 똑바로 세운다

반대쪽도 똑같이 실시한다

☑ **CHECK!** 팔꿈치에서 손바닥까지 바닥에 댄다. 앞쪽 발의 무릎 바로 아래에 발목이 오도록 한다.

☑ **CHECK!** 등보다 앞쪽 다리의 무릎이 높은 위치에 있도록 자세를 낮춘다.

MENU 200	척추 움직임 개선		서	어	횟수	좌우 5번
	코모도 스트레칭				장소	제한 없음
					레벨	초급

목표 고관절을 앞뒤로 최대한 늘린 상태에서 몸을 비틀어 척추를 스트레칭한다. 고관절을 최대한 늘린 상태에서 볼을 다룰 때를 대비해 척추의 유연성을 높인다.

① 프리 코모도(메뉴 199) 자세에서 앞쪽 다리의 무릎 안쪽에 손을 짚는다

② 오른쪽 어깨를 바닥 쪽으로 움직이며 척추를 비튼다

손을 무릎에 댄다

반대쪽도 똑같이 실시한다

조언
평소에 유연성 높이는 훈련을 하지 않았다면, 어깨가 바닥에 닿지 않는 경우가 많다. 꾸준히 하면 유연성이 향상되어 어깨가 바닥에 닿게 된다.

MENU 201	고관절 유연성 향상		리	실	횟수	좌우 3초×3번
	이너 스쿼트&프리 코모도				장소	제한 없음
					레벨	초급

목표 메뉴 202의 이너 스쿼드(고관절의 최대 전굴)에서 프리 코모도(최대 신전) 동작을 반복하여 고관절의 가동 범위를 최대한 활용할 수 있게 한다.

① 이너 스쿼트에서 한쪽 발을 뒤로 뻗는다

② 최대한 뻗은 다음 이너 스쿼트 자세로 돌아온다

반대쪽도 똑같이 실시한다

조언
어느 쪽 다리를 뻗거나 당기기 힘든지 집중하면서 실시하면 강화해야할 포인트를 알 수 있다.

MENU 202 — 이너 스쿼트

고관절 유연성 향상

패 리 어 실

횟수	10번
장소	제한 없음
레벨	초급

목표 깊숙이 웅크리고 앉아 고관절의 유연성을 향상시키면 리시브 준비 동작을 할 때 고관절을 능숙하게 사용할 수 있다. 낮은 자세로 코어 힘을 유지하면서 코어 근육을 강화하는 효과도 노릴 수 있다.

1 무릎과 발끝이 같은 방향을 향하는 자세에서 웅크리고 앉는다

2 힘을 빼고 깊이 앉는다

손을 맞대고 길게 뻗으면서 균형을 유지하면 깊이 앉을 수 있다. 유연성이 향상되면 엉덩이가 바닥에 닿을 정도까지 앉을 수 있다

3 상체를 세우고 정강이와 등이 평행이 되도록 한다

정강이와 수평이 되는 위치까지 상체를 세우면 베스트

손을 맞댄 채 가슴으로 가져오면 상체를 세우기 편하다

MENU 203 — 좌우로 움직이며 다리 길게 늘리기

고관절 유연성 향상

리 실

횟수	좌우 5번
장소	제한 없음
레벨	초급

목표 다리를 깊이 늘리려면 고관절의 유연성과 고관절을 받치는 장요근(엉덩허리근육)의 근력이 필요하다. 엉덩이를 낮게 낮춘 상태에서 유연하게 중심 이동을 할 수 있게 되면, 리시브할 때 좌우로 움직이는 동작이 부드러워진다.

1 굽힌 다리의 무릎과 발끝이 같은 방향을 향한 자세에서 웅크려 앉는다

2 반대쪽도 똑같이 실시한다. 좌우 다리를 바꿔가면서 자세를 낮게 유지한 채 움직인다

축이 되는 다리의 발꿈치는 뜨지 않는다

조언
실제로 이렇게까지 낮은 자세로 플레이하는 경우는 많지 않지만, 가동 범위를 최대한으로 움직일 수 있게 몸을 만들어 놓으면 플레이의 질적 향상으로 이어진다.

고관절 유연성 향상

MENU 204 다리 길게 늘리며 프리 코모도

리 실	
횟수	좌우 5번
장소	제한 없음
레벨	초급

목표 다리 길게 늘리기(메뉴 203)와 프리 코모도(메뉴 199) 동작을 연결하면 몸을 90도 비틀게 된다. 동작할 때 고관절이 유연하게 움직이도록 한다.

① 다리 길게 늘리기의 낮은 자세를 유지한 채로 상체를 비튼다

② 프리 코모도에서 다리 길게 늘리기 자세로 돌아온다

중심을 이동한다

반대쪽도 똑같이 실시한다

✓ CHECK!

처음에는 ②의 프리 코모도 자세에서 두 손을 바닥에 짚어도 되지만, 익숙해지면 한 손으로 몸의 균형을 잡도록 한다. 또한, 동작의 속도를 점점 높여서 실시한다.

견갑골 가동 범위 향상

MENU 205 견갑골 모으기 스트레칭

패 서 어 블	
횟수	좌우 3초×3번
장소	제한 없음
레벨	초급

목표 견갑골을 척추 쪽으로 모으는(내전방향) 움직임의 가동 범위를 넓히는 것은 특히 공격수에게 중요하다. 옆을 보고 누운 자세에서 손을 뒤로 돌리고 스트레칭하면 견갑골이 척추 쪽으로 모이게 된다.

① 바닥에 앉은 다음 두 팔을 등 뒤에서 깍지를 낀다

② 상체를 옆으로 눕히고 무릎은 반대쪽으로 넘긴다

최대한 위에서 깍지를 낀다

반대쪽도 똑같이 실시한다

견갑골을 모은다

조언

일어선 상태에서 견갑골 모으기가 어려운 경우에는 옆으로 누운 자세로 실시해 보자(좀 더 쉽게 할 수 있다).

MENU 206 백 스파이럴 스트레칭

견갑골 가동 범위 향상

서 어	횟수	좌우 3초×3번
	장소	제한 없음
	레벨	초급

목표 어깨와 바닥 사이로 팔을 통과시켜 흉추의 유연성이 어느 정도인지 확인한다. 굴곡 방향 쪽으로 고관절이 잘 움직이지 않으면 흉추 역시 잘 돌아가지 않으므로 고관절과 함께 척추의 뻣뻣함을 유연하게 바꾼다.

① 한 손으로 바닥을 짚고 발은 옆을 향하게 내밀고 앉는다

② 상체를 비틀면서 왼쪽 옆구리 아래쪽으로 오른팔을 통과시킨다

③ 손을 멀리 뻗으면서 어깨를 바닥에 댄다

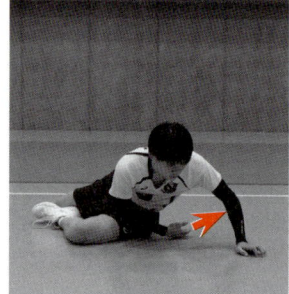

어깨가 바닥에 닿지 않는다면 가능한 정도까지만 실시한다

반대쪽도 똑같이 실시한다

MENU 207 척추 회전 스트레칭

견갑골 가동 범위 향상

어	횟수	좌우 3초×3번
	장소	제한 없음
	레벨	초급

목표 척추를 비트는 동작은 허리보다 흉추(가슴등뼈)의 움직임이 중요하다. 이 동작은 허리의 부담을 줄이고, 가슴을 쉽게 열 수 있게 만들어 주기 때문에 특히 스파이크 동작에 도움이 된다.

① 네발 기기 자세를 취한다

② 옆구리 아래로 팔을 통과시키듯이 척추를 비튼다

③ 두 팔은 합장하고 더욱 깊이 척추를 비튼다

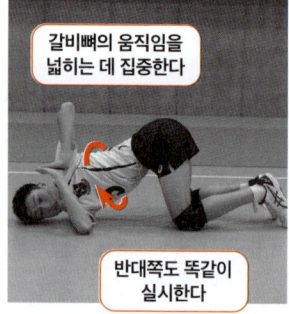

숨을 참지 말고 호흡을 반복한다

갈비뼈의 움직임을 넓히는 데 집중한다

반대쪽도 똑같이 실시한다

MENU 208	견갑골 가동 범위 향상

골반 벌리기

서 어		
	횟수	10번
	장소	제한 없음
	레벨	초급

목표 골반 중심에 위치하며 골격의 근간이 되는 천골의 유연성을 높이면 중심이 낮은 자세를 취하기 쉽고, 점프 동작을 할 때 고관절의 충격 흡수 기능도 향상된다.

1 팔꿈치를 바닥에 대고 네발 기기 자세에서 몸을 엉덩이 방향으로 민다

2 팔꿈치와 무릎은 같은 위치를 유지한 채 몸을 앞으로 움직인다

- 팔꿈치로 바닥을 미는 느낌
- 무릎은 90도로 벌린다

- 고관절을 좌우 대칭으로 움직인다

☑ **CHECK!**
①과 ②를 반복하며 엉덩이를 크게 움직일 수 있도록 한다. 좌우 골반 중 잘 움직이지 않는 쪽에 중심을 실으면서 실시하자.

MENU 209	고관절 유연성 향상

고관절 돌리기

리 어 블		
	횟수	각 10번씩
	장소	제한 없음
	레벨	초급

목표 고관절은 좌우 균형을 맞춰 움직이는 것이 중요하다. 움직이기 어려운 쪽과 플레이할 때 편향을 고려하며 실시하면 퍼포먼스 향상으로 이어진다.

1 네발 기기 자세에서 엉덩이를 앞뒤로 움직인다

2 좌우로도 움직인 다음 원을 그리듯이 움직인다

3 다른 버전으로 한쪽 무릎을 세우고 앉아서 상체를 좌우로 기울이는 동작도 실시한다

- 최대한 당길 수 있는 곳까지 당긴다

- 고개를 반대쪽으로 움직이면 엉덩이의 가동 범위가 넓어진다
- 두 무릎은 바닥에서 떨어지지 않는다

- 손을 맞대고 등을 쭉 편 상태에서 상체를 기울인다

MENU 210 (엉덩이 늘리기) 서 어

엉덩이(대둔근) 스트레칭

횟수	좌우 3초×3번
장소	제한 없음
레벨	초급

목표 배구는 지면을 강하게 차거나 힘차게 발을 내디딜 때 몸을 안정시킬 수 있는 능력이 필요하다. 이때 빼놓을 수 없는 것이 엉덩이(대둔근)다. 대둔근을 늘려서 다리 힘을 최대한 발휘할 수 있게 하자.

① 앞쪽 다리는 무릎을 굽히고 뒤쪽 다리는 무릎을 펴서 앉는다

② 상체를 앞으로 숙인다. 반대쪽도 같은 방법으로 실시한다

앞쪽에 놓은 다리는 90도로 굽힌다

☑ **CHECK!**

앞쪽 다리는 90도로 굽히고, 뒤쪽 다리는 발등을 바닥으로 향한다. 상체를 숙일 때는 가능하면 엉덩이가 뜨지 않게 한다.

MENU 211 (중심 이동 안정성 향상) 리

사이드 시프트

횟수	좌우 10번
장소	제한 없음
레벨	초급

목표 중심을 이동할 때는 정면에서 봤을 때, 발목 위에 무릎, 무릎 위에 고관절 이렇게 세 관절이 일직선으로 위치하는 것이 중요하다. 이렇게 하면 리시브할 때 중심을 실어서 좌우 이동을 할 수 있게 된다.

① 준비(파워 포지션) 자세를 취한다

② 무릎을 열지 않고 한쪽 고관절에 체중을 싣는다

엉거주춤한 자세가 되지 않도록 한다

축이 되는 다리에 체중을 싣는다

	횟수	좌우 3초×3번
리	장소	제한 없음
	레벨	초급

MENU 212 — 소머리 자세 스트레칭
고관절 유연성 향상

목표 뭉치기 쉬운 엉덩이 근육을 부드럽게 풀고, 고관절의 유연성을 높인다. 동작할 때는 몸의 중심축(코어)에 집중하고, 좌우 유연성이 다른 것을 확인하면서 몸의 감각을 높인다.

① 앉은 상태에서 두 무릎을 앞으로 겹치고 발을 꼰다

② 엉덩이를 바닥에 붙인 채로 상체를 앞으로 숙인다

꾸준히 하면 머리가 바닥에 닿는다

☑ CHECK!
②에서 척추를 옆으로 틀거나 중심을 이동하는 조합도 있다. 무릎이나 고관절, 허리 부상을 예방하는 효과도 있으니 꾸준히 실시하자.

	횟수	좌우 교대로 10번
리	장소	제한 없음
	레벨	초급

MENU 213 — 스파이더맨
고관절 유연성과 손, 발 조작성 향상

목표 척추를 움직이며 빠르게 발을 교대하는 훈련이다. 이 훈련은 척추와 연결된 대요근을 발달시킬 수 있고, 팔다리의 조작성을 높일 수 있다.

① 프리 코모도(메뉴 199)처럼 낮은 자세를 만든다

② 좌우 다리를 교대로 단번에 위치를 바꾼다

☑ CHECK!
자세에 집중하며 실시하면 고관절 주변의 유연성이 향상된다. 동작이 익숙해지면 발 바꾸는 속도를 올린다.

MENU 214	고관절과 척추 움직임 향상	리	횟수 좌우 3초×3번

스콜피온

장소 제한 없음
레벨 초급

목표 고관절의 유연성과 척추의 회전 능력을 향상시킬 수 있는 동작이다. 플라잉 리시브할 때 허리나 어깨 부상을 예방하는 데도 도움이 된다. 동작할 때 최대한 두 어깨가 바닥에서 떨어지지 않게 하자.

팔을 좌우로 넓게 펴고 엎드린 상태에서 한쪽 다리를 들어 반대쪽 손에 가까이 놓는다

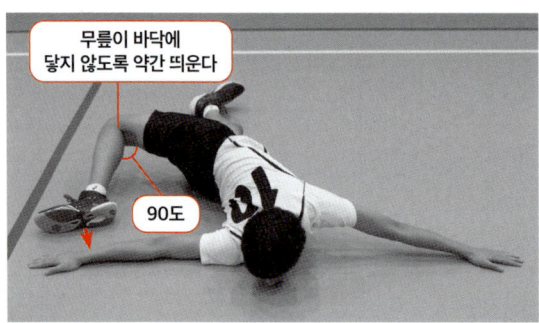

무릎이 바닥에 닿지 않도록 약간 띄운다

90도

☑ CHECK!

척추를 틀면서 다리를 들어 반대쪽 손에 가까이 가져간다. 머리와 두 어깨는 바닥에서 최대한 뜨지 않게 한다. 여유가 있다면 다리를 반대쪽 손에 가까이 가져간 상태에서 3초 정도 자세를 유지한다.

MENU 215	코어와 견갑골 움직임 향상	어블	횟수 10번

푸시업 워크

장소 제한 없음
레벨 초급

목표 푸시업(엎드려 팔굽혀펴기) 자세에서 두 손을 최대한 앞으로 뻗어 코어를 강화하는 동작이다. 옆으로 이동하는 동작은 견갑골이 모아지므로 스파이크 동작 향상에도 도움이 된다.

① 푸시업 자세에서 두 팔을 최대한 앞으로 뻗는다

② 앞으로 걸어가면서 손가락을 세워 엎드린 자세를 만든다

③ 일반적인 푸시업 자세를 유지한 채 옆으로 이동하는 동작도 실시한다

손가락으로 몸을 지지한다. 힘든 사람은 ②에서 끝내도 된다

견갑골을 척추 쪽으로 모으는 느낌

옆으로 움직일 때 한 손으로 몸을 지지하는 순간에 코어가 강화된다

MENU 216 (배 압력 강화) **배 압력 강화 볼 푸시①**

| 어 | 블 |

횟수 5번
장소 제한 없음
레벨 초급

목표 점프할 때 필요한 배 압력을 높인다. 피로 누적과 긴장감은 배를 단단하게 하고, 골반과 척추 움직임에 영향을 미치므로 배에 힘을 빼고 부드럽게 풀어주는 것도 중요하다.

① 바닥에 엎드려서 볼을 배꼽 아래에 놓는다

 배의 힘으로 볼을 밀면서 상체를 들어 올린다

☑ CHECK!
몸을 단번에 들어 올리는 느낌으로 실시한다. 배가 아프지 않다면 배에 힘을 빼고, 허리를 흔들며 더욱 깊게 볼을 넣는다.

MENU 217 (배 압력 강화) **배 압력 강화 볼 푸시②**

| 어 | 블 |

인원수 2명
횟수 5번
준비물 메디신볼

목표 2인 1조로 메디신볼을 사용해 점프할 때 필요한 배 압력을 높이는 훈련이다. 볼이 떨어지는 타이밍에 맞춰 순간적으로 배에 힘을 준다.

천장을 보고 똑바로 누운 다음 다른 1명이 메디신볼을 배에 떨어뜨린다

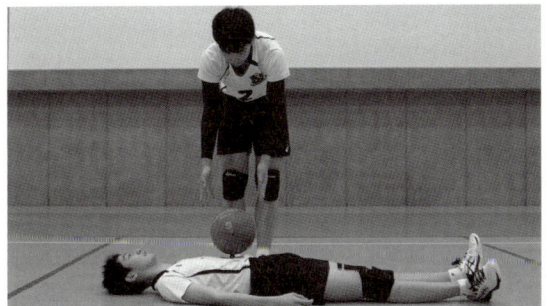

☑ CHECK!
볼이 닿기 직전에 배에 힘을 주고 볼을 반발(바운드한다)시키는 데 집중한다. 무릎을 세운 상태로 실시하면 배에 힘주기가 좀 더 편하다.

MENU 218 — 앵클 홉

[점프력 향상]   어 | 블

횟수	10번
장소	제한 없음
레벨	초급

목표 아킬레스건의 신장 반사(근육이 늘어날 때 자동으로 근육이 수축하는 반응)를 사용하여 점프를 반복한다. 팔을 휘두르는 타이밍에 맞춰 점프하고, 몸을 곧게 유지하자.

① 무릎이 아니라 발목을 사용해 점프한다

② 바닥과 닿는 시간은 되도록 짧게 한다

점프할 때 상체를 곧게 유지한다

무릎은 뻗은 채로 유지

떨어질 때 팔을 뒤로

☑ **CHECK!**
발목과 팔의 반동만으로 점프하는데, 특히 팔을 앞뒤로 크게 휘두르면서 점프한다. 착지는 발끝으로 한다.

MENU 219 — 힙 하이크 점프 (골반 들어 올리기 점프)

[점프력 향상]   어 | 블

인원수	2명
횟수	10번
레벨	초급

목표 동료의 골반에 손을 짚고 앵클 홉(메뉴 218)을 반복한다. 높이 점프하면 다음 점프의 강도가 올라간다. 엉덩이를 높이 올려서 공중에 떠 있는 느낌을 익히는 것이 목적이다.

① 뜀틀을 넘는 방식으로 동료의 엉덩이 쪽에 손을 짚는다

② 엉덩이를 높이 들어 올리면서 제자리뛰기를 한다

☑ **CHECK!**
바닥과 발이 닿는 시간을 짧게 하고, 높이 뛸 수 있도록 체중을 손으로 분산시키면서 뛴다.

MENU	점프력 향상		블	횟수	10번
220				장소	제한 없음
				레벨	초급

푸시업 자세에서 앵클 홉

목표 일어선 상태에서 점프를 반복하는 것보다 부하가 적고, 좀 더 반동을 이용하기 쉽다. 바닥과 닿는 시간이 짧은 점프를 익히자. 뛰는 법을 다양하게 바꾸면 실전에서 활용하기 쉽다.

① 푸시업 자세를 만든다

② 두 무릎을 굽힌다

③ 두 발을 동시에 구르며 점프한다

크게 뛰어도 좋고, 작게 뛰어도 좋다

MENU	점프력 향상		실	횟수	10번
221				장소	제한 없음
				레벨	초급

푸시업 자세에서 두 발로 점프

목표 손 바깥쪽으로 두 다리가 오도록 하면 척추가 자연스럽게 틀어진다. 반대쪽으로 전환할 때는 바닥을 강하게 찬다. 바닥에 닿는 시간이 짧은 점프를 뛰는 데 집중하며 착지할 때는 척추가 틀어지더라도 무릎은 삐끗하지 않게 조심한다.

① 푸시업 자세를 만든다

② 점프해서 두 발을 손 옆으로 보낸다

③ ①로 돌아가서 반대쪽으로도 점프한다

손이 바닥에서 떨어지지 않도록 한다

COLUMN

바디컨트롤은 '기술 습득 시간을 단축하는 훈련'이다

이 칼럼을 쓰고 있는 나는 8장 바디컨트롤과 9장 셀프 케어의 감수 협력을 담당한 아카야마 료스케다. 사에구사 코치를 통해 배구와 관련된 일을 하면서 간단해 보이지만, 어려운 바디컨트롤이 배구 기술 향상으로 이어진다는 사실을 알게 되었다. 지금은 사에구사 코치와 함께 선수를 지도하고 있다.

바디컨트롤 도입으로 얻을 수 있는 최고의 이점은 기술의 습득과 향상에 있어 걸리는 '시간이 단축된다'는 것이다. 배구 실력을 좀 더 향상시키고 싶다면 몸을 철저하게 바꿔보기 바란다. 뻣뻣함은 체질이나 어쩔 수 없는 것이 아니라 습관에 따라 180도 바꿀 수 있다는 사실을 실감하게 될 것이다.

실제로 나도 30살이 넘어서 본격적으로 내 몸을 들여다보기 시작했다. 처음 다리찢기를 할 때는 팔꿈치조차 바닥에 닿지 않았지만, 지금은 다리를 찢은 상태에서 가슴을 바닥에 붙일 수 있다. 30대인 내가 변했으니 선수라면 누구나 할 수 있다고 자신있게 말할 수 있다.

몸을 유연하게 사용할 수 있게 되면 각 부위의 '분리'와 '연동'을 통해 생각대로 몸을 멈추거나 필요한 동작을 취할 수 있게 된다. 안 되는 동작은 관련 부위를 스트레칭하고 관절을 움직이는 방법, 관절과의 연동성을 개선하면 동작이 쉬워진다.

자신의 몸이 제대로 움직이는지 잘 판단이 안 되는 선수는 만성적인 통증(불균형에서 오는 부담이 원인)이 있거나 동작의 재현성이 낮지는 않은지 꼭 확인해보자.

배구에서 특히 중요한 것은 척추, 고관절, 견갑골을 자유자재로 움직이는 것(물론 그것을 연결하고 있는 몸통도 포함)이다. 이들 부위는 서로 연결돼 있으니 어디 한 곳이라도 안 움직이는 곳이 있으면 최고의 퍼포먼스를 발휘할 수 없고, 최악의 경우에는 부상을 입을 수도 있다.

부디 자신의 몸을 잘 들여다보고 볼과 더욱 친해질 수 있도록 바디컨트롤을 실천해보길 바란다. 변해가는 볼 컨트롤과 퍼포먼스를 실감하면서 배구 실력이 한층 더 향상될 것이다.

제 **9** 장

셀프 케어

늘 최상의 컨디션으로 연습하려면 몸의 피로를 푸는 셀프 케어가 굉장히 중요하다.
부상 방지를 위해서라도 당장 시작해 보자.

하루하루 컨디션을 셀프 케어로 관리하자

셀프 케어로 몸과 마음을 리셋

바디컨트롤에서도 설명했지만, 몸을 잘 움직일 수 있게 만드는 것이 기술 향상의 지름길이다. 물론, 전문 트레이너에게 맡기면 신체 능력은 좋아진다. 하지만 자신의 몸 상태를 잘 모르면 늘 트레이너에게 몸을 맡겨야만 한다. 시합 직전인데 몸이 경직돼 있다고 해서 트레이너에게 관리받으러 갔다 오겠다고 할 수는 없는 노릇 아닌가? 더욱이 학생 가운데 트레이너를 붙일 수 있는 사람이 얼마나 될까? 신체 능력을 스스로 향상시킬 수 있는 방법을 익히면 어떤 상황에서도 몸 상태를 최상으로 끌어올릴 수 있게 된다.

가령 트레이너가 봐 준다 하더라도 지금 자신의 상태를 정확하게 전달해야 더욱 꼼꼼하고 완벽한 케어가 가능해진다.

매일 셀프 케어하는 습관을 들이면 어디가 뭉쳤는지, 어디가 덜 풀려서 쥐나 날 것 같은지 등 자신의 몸 상태를 쉽게 알 수 있게 된다. 안 좋은 부위를 마사지하거나 케어하면 피로 회복에도 도움이 될뿐더러 부상 방지에도 효과가 있다. 이는 결과적으로 배구 퍼포먼스 향상으로 이어진다.

몸을 푸는 행위는 자세를 좋게 하고, 호흡이 쉬워지며 수면의 질을 높이는 효과도 기대할 수 있다. 또, 몸과 마음은 서로 이어져 있으므로 몸이 풀리면 사고도 유연해진다. 이에 따라 긍정적인 마인드로 배구를 적극적으로 플레이할 수 있게 된다.

셀프 케어의 포인트

운동 후 몸이 따뜻할 때 실시한다

몸이 식으면 근육의 유연성이 저하된다. 이때 근육을 늘리는 케어를 실시하면 오히려 근섬유를 손상시킬 가능성이 있다. 따라서 셀프 케어는 가능하면 몸이 식기 전에 즉, 연습 직후에 실시하는 것이 가장 좋다.

뜨거운 욕조에 들어가 케어하는 것도 효과적이다

귀가한 후에는 욕조에 몸을 담가 케어하도록 하자. 뜨거운 욕조에 들어가면 외부로부터 몸을 데우고, 혈액 순환이 잘되는 상태를 유지할 수 있다. 이 상태에서 다리를 풀면 근육의 유연성을 개선할 수 있고, 피로 물질도 빠르게 분해되어 다음 날 근육통을 줄일 수 있다.

최상의 컨디션 만들기

더욱 높은 수준을 목표로 한다면 매일 하는 연습을 좋은 컨디션에서 실시하고 싶을 것이다. 이를 위해서는 오늘 연습이 끝나면 다음 연습을 미리 준비하는 의미에서 사용한 부위를 정성스럽게 셀프 케어하자.

몸은 올바르게 사용하면 그다지 피로가 쌓이지 않는다. 하지만 모든 플레이를 정확하게 실시하는 것은 불가능하다. 그러므로 셀프 케어를 통해 훈련 후 피로를 회복하는 것이 중요하다.

셀프 케어를 통해 피로를 회복하여 몸 상태가 최고조에 이르면 몸이 굉장히 잘 움직이는 것을 느낄 수 있고, 지금까지 잘 안 되던 동작을 할 수 있게 된다. 이에 따라 플레이하는 것이 더욱 즐거워질 것이다.

나이가 어리면 피로 회복도 빠르므로 연습이 끝난 후에 의식적으로 쿨다운하는 중고생은 많지 않다. 하지만 아무리 뛰어난 선수라도 나이가 들면 피로가 잘 회복되지 않고 쌓이게 된다. 앞으로 오랫동안 재미있게 배구를 하기 위해서라도 지금부터 셀프 케어를 꼼꼼히 실시해 보자.

세 부위를 집중 케어하자

다리

점프하거나 리시브할 때는 다리에 엄청난 부하가 걸린다. 중점적으로 케어해서 다리의 피로를 풀자. 셀프 케어를 통해 다리를 유연하게 움직이도록 하여 발동작을 향상시킨다.

등(척추)

척추는 몸을 지탱하는 축이다. 이곳에 피로가 쌓이면 어택이나 블로킹을 할 때 정확한 자세를 유지하기 힘들다. 최대한 척추를 크게 움직일 수 있도록 셀프 케어를 꼼꼼히 실시하자.

배

배도 등과 마찬가지로 몸을 지탱하는 축 가운데 하나다. 특히 배구는 블로킹할 때 자세를 유지해야 하는 등 배에 힘을 주는 동작이 많아서 쉽게 피로가 쌓인다. 볼 같은 도구를 사용하여 피로를 해소하자.

MENU 222 (척추 주변 케어)

엎드려서 척추 흔들기

횟수	10~15번
장소	제한 없음
레벨	초급

목표 척추를 풀어주는 케어법이다. 몸에 힘을 빼고 엉덩이를 흔들어 척추 마디마디를 움직이자.

이마를 바닥에 대고 엎드린 다음 엉덩이를 흔들어 척추 전체를 움직인다

☑ CHECK!
이 동작은 온몸의 혈액 순환을 원활하게 하고, 근육을 이완하기 좋다. 10번 정도 좌우로 움직인 다음 심호흡을 3번 한다.

 MENU 223 (발 케어)

발가락 풀기

횟수	좌우 5번씩
장소	제한 없음
레벨	초급

목표 발가락을 유연하게 만들고, 발가락 염좌를 예방하는 케어법이다. 또한, 경락을 통해 뭉친 부분을 풀어줄 수도 있다.

① 발가락 사이에 손가락을 넣고 앞뒤로 움직인다

② 발가락을 발바닥 쪽으로 비튼다

③ 발가락을 잡고 한 개씩 푼다

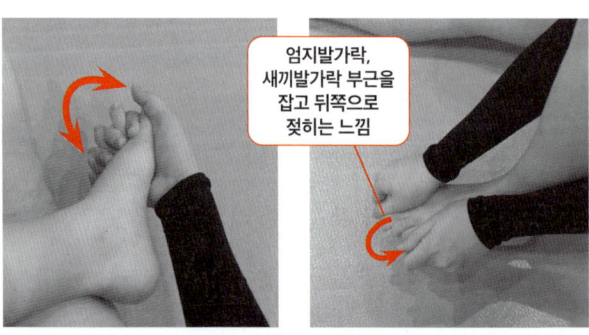

엄지발가락, 새끼발가락 부근을 잡고 뒤쪽으로 젖히는 느낌

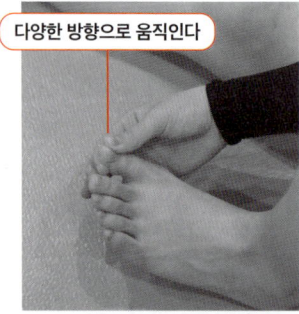

다양한 방향으로 움직인다

MENU 224	발 케어
	발바닥 마사지

횟수	좌우 5번
장소	제한 없음
레벨	초급

목표 경직된 발바닥을 풀어주면 발가락을 자유롭게 쓸 수 있게 된다. 푸는 데 그치지 말고, 발가락의 움직임을 더해 주면 발가락을 사용하기가 더 편해진다. 또한, 발바닥 아치를 형성하는 데도 좋은 케어법이다.

① 발바닥 한가운데를 손가락으로 누른다

② 발바닥을 누르면서 발가락을 오므렸다가 펴는 동작을 반복한다

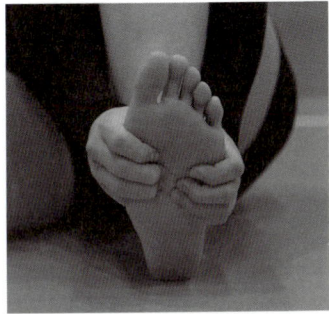
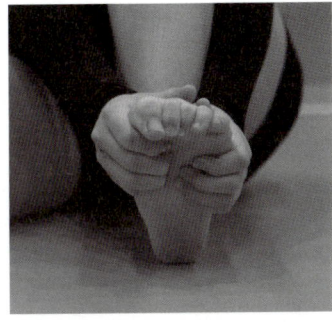

☑ CHECK!
발가락을 오므렸다가 펴는 동작을 반복해 경직된 발가락을 풀어주며 유연성을 높이자. 발바닥 아치(옆에서 봤을 때의 커브)가 바르게 형성돼 있으면 체중 분산과 균형 잡기, 충격 흡수 능력이 향상된다.

MENU 225	아킬레스건 케어
	아킬레스건 마사지

횟수	좌우 5번
장소	제한 없음
레벨	초급

목표 아킬레스건을 집중적으로 케어하는 방법이다. 발뒤꿈치 부근에서 종아리 근육 부근까지 누르며 뭉친 곳을 확인하고, 마사지한다.

① 아킬레스건을 손가락으로 꼬집거나 두 손가락으로 누른다

② 뭉친 곳을 찾으면서 마사지한다

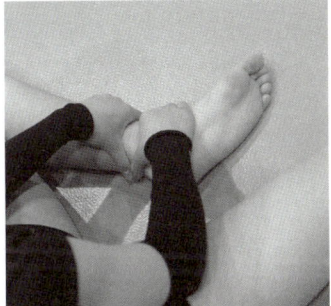

☑ CHECK!
뭉친 곳을 확인하면서 마사지하면 균형이 무너진 아킬레스건의 부담을 줄일 수 있고, 유연성도 향상시킬 수 있다.

MENU 226 (발·피부 케어)

종아리 피부 스트레칭

횟수	좌우 5번
장소	제한 없음
레벨	초급

목표 종아리 근육만 풀고, 피부와 근육 사이에 있는 근막을 풀어주지 않으면 피부가 탄력을 잃어 결과적으로 종아리가 뭉치는 원인이 된다. 근육 케어와는 별도로 피부 케어도 잊지 말고 실시하자.

종아리 피부를 얇게 두 손가락으로 집어서 늘린다

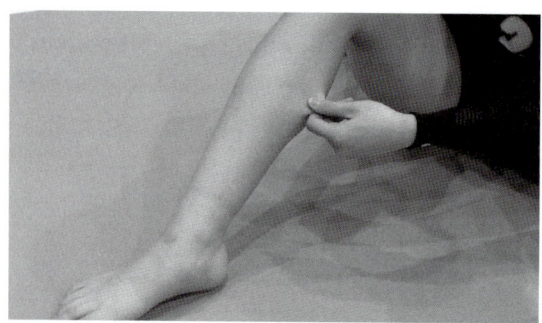

☑ CHECK!
종아리에서 어느 쪽 피부가 잡기 힘든지 확인하면서 실시하면 뭔가에 부딪혔다거나 테이핑 등으로 인한 영향 등 단단해진 원인을 찾을 수도 있다.

MENU 227 (발 케어)

무릎 꿇고 앉아서 종아리 마사지

횟수	좌우 5번
장소	제한 없음
레벨	초급

목표 단단하게 뭉친 근육은 잘 수축되지 않으므로 근육 마사지를 통해 뭉친 부위를 풀어주어야 한다. 손으로 풀어도 좋고, 도구를 사용해도 좋다.

① 바닥에 무릎을 대고 앉아서 풀고 싶은 부분을 반대쪽 발로 누른다

② 정좌하듯이 천천히 엉덩이를 내린다

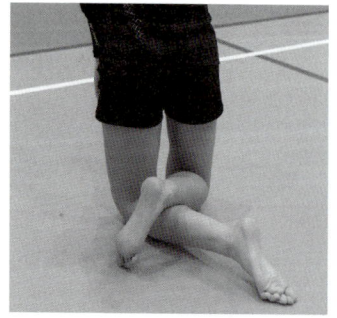

☑ CHECK!
단단한 종아리는 안쪽, 바깥쪽, 한가운데, 위쪽으로 나눠서 너무 아프지 않은 정도로 마사지한다. 손이나 막대기를 활용해 문질러도 좋다.

횟수	좌우 5번
장소	제한 없음
레벨	초급

MENU 228 (발 케어)
정강이뼈 안쪽 마사지

목표 정강이뼈 안쪽에는 발가락을 굽히는 데 사용하는 근육이 많다. 정강이뼈와 근육의 경계선에 확실하게 틈을 만드는 것이 종아리와 발가락 경직을 푸는 데 매우 중요하다.

다리 안쪽 복사뼈 바로 위에서 정강이뼈 안쪽(뼈와 아슬아슬하게 맞닿아 있는 곳)에 손가락을 넣고 무릎에 가까운 위치까지 차례차례 위쪽으로 주무른다.

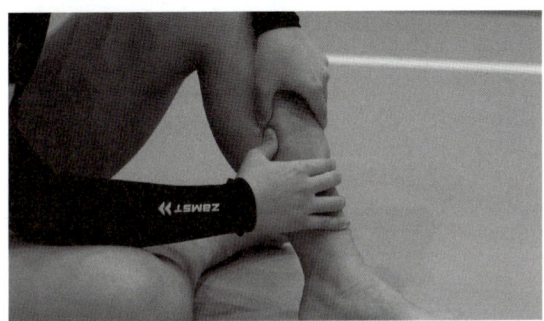

☑ CHECK!
근육이 부드러우면 손가락 마디 하나 정도는 쑥 들어간다. 어디가 뭉쳐있는지 찾으면서 원래 따로따로 나뉘어져 있어야 할 뼈와 근육이 제대로 기능할 수 있도록 집중해서 풀어주자.

COLUMN

몸에 필요한 '틈'을 만들자

셀프 케어를 하는 데 있어서 가장 중요한 포인트는 각각의 조직에 원래 있어야 할 '틈'을 만드는 것이다.

뼈와 뼈 사이에는 관절이 있고, 적절한 틈이 있기 때문에 관절이 부드럽게 움직인다.

인접한 근육에도 틈이 있는데, 이로 인해 각각의 근육이 고유의 역할을 완수할 수 있게 된다. 더욱이 근육과 피부 사이에도 틈이 있어, 그 틈으로 림프가 흘러서 붓기 개선과 피로 회복에 영향을 준다.

이 장에서 소개한 케어법은 이처럼 몸에 필요한 '틈'을 만드는 데 도움이 된다. 각 조직이 좋은 컨디션으로 제 기능을 할 수 있도록 꼭 활용하기 바란다.

MENU 229	배·옆구리·가슴·다리 케어	횟수	5번씩
	볼 케어	장소	제한 없음
		레벨	초급

> **목표** 특별한 도구를 사용하지 않고 평소에 사용하는 볼로 케어하는 방법이다. 항상 단단한 볼을 자기 몸에 대고, 평상시에 비해 다른 변화가 느껴지는지 감지하는 목적도 있다.

① 배에 대고 뭉친 곳을 푼다

☑ **CHECK!**

배 아래에 볼을 놓고, 천천히 굴린다. 몸에 힘을 빼면 볼이 몸 깊숙이 자극한다.

너무 아프면 팔꿈치에 체중을 싣는다

② 옆구리에 대고 뭉친 부분을 푼다

☑ **CHECK!**

옆구리는 배구에서 많이 사용하는 근육이 모여 있는 부위다. 볼을 굴려 겨드랑이부터 옆구리 전체 근육을 푼다. 손과 하체로 안정적인 자세를 유지하고, 균형이 무너지지 않도록 한다.

③ 가슴 앞에 대고 뭉친 부분을 푼다

☑ **CHECK!**

가슴 중앙에 있는 가슴뼈(흉골)와 갈비뼈(늑골) 사이의 관절을 푼다. 이 부위를 풀어주면 대흉근과 소흉근의 경직을 개선하는 데도 도움이 된다.

상하좌우로 몸을 움직이면서 뭉친 부분을 푼다. 뭉친 부분이 치우쳐 있는지도 체크한다

④ 넓적다리는 무릎 부근, 고관절 부근, 안쪽과 바깥쪽으로 부위를 나누어 풀어준다

☑ **CHECK!**

너무 아프지 않고, 시원할 정도로만 체중이 실리도록 조정한다. 좌우 차이, 부위에 따른 차이를 확인하면서 꼼꼼히 실시한다.

MENU 230	전신 케어	횟수	10~15번
		장소	제한 없음
		레벨	초급

해파리 체조

목표 해파리의 움직임을 상상하며 머리부터 엉덩이까지 반복해서 흔든다. 온몸의 혈액 순환이 좋아지는 케어법이다. 몸을 흔들어 근육의 긴장을 풀고, 내장을 자극해서 장기의 움직임을 개선하는 효과도 노릴 수 있다.

① 모로 누운 다음 머리와 엉덩이를 조금씩 흔든다

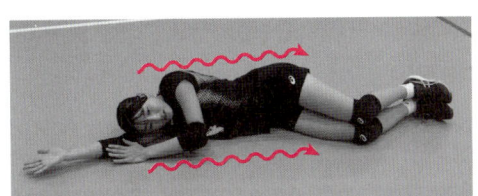

☑ **CHECK!**
눕는 방향을 바꿔서도 실시한다. 크게 움직이는 것보다 몸을 조금씩 흔드는 느낌으로 실시한다.

② 천장을 보고 누운 다음 같은 방법으로 머리와 엉덩이를 흔든다

조언
동작하기 전과 후에 몸을 앞으로 숙여서 비교해 보자. 혈액 순환이 좋아져서 온몸의 유연성이 높아진 것을 느낄 수 있을 것이다.

COLUMN

가장 훌륭한 명의는 자기 자신

세계 최초의 의사로 불리는 히포크라테스는 '사람은 누구나 몸속에 100명의 명의가 있다'고 말했다. 여기서 말하는 '100명의 명의'는 자연치유력을 의미한다. 메뉴 230의 해파리 체조나 경직된 배를 푸는 셀프 케어는 몸의 컨디션을 조절하는 '자율신경' 기능을 높이는 데도 도움이 된다.

셀프 케어에서 중요한 것은 아주 사소한 불편함이나 이상 증상을 무시하지 말고, 하루하루 자기 심신의 변화에 집중하는 것이다. 이를 위해서는 '습관화'도 중요하다. 매일 같은 것을 실시함으로써 몸의 변화를 알아챌 수 있기 때문이다.

뭉친 곳을 발견했다면 왜 뭉쳤는지 그 이유를 생각해 보자. 원인을 이해하고 제거하면, 더욱 뛰어난 퍼포먼스를 펼칠 수 있을 것이다.

저자 사에구사 다이치

1980년 일본 효고현 가사이시 출신. 도카이대학 체육학부 체육학과 졸업. 프로 배구 코치. 청년 해외협력대 대원으로 칠레와 아프리카에서 배구를 지도했으며, 칠레에서는 주에 배구 협회와 클럽 팀 설립을 주도했다. 일본에 귀국한 후에는 배구 여자 U16/17, U18/19, U20/21, U23 일본 대표팀처럼 최고 수준의 팀을 지도하는 코치, 감독을 역임했다. 국제배구연맹(FIVB)이 인정한 지도자로, 배구 기술만 가르치는 데 그치지 않고 사회에서 활약할 수 있는 인재 양성에도 힘쓰고 있으며 교육입국추진협의회 멤버로도 활동하고 있다. 2014년부터 감독으로 팀을 이끌면서 여자 U17/18 아시아선수권대회에서 8연승을 했으며, 제1회 U16 아시아선수권대회에서도 우승을 달성했다. 또한, 코치로 참가한 U20 아시아선수권 대회에서도 2번 우승했다.

8장·9장 감수 아카야마 료스케

1982년 일본 가가와현 사누시기 출신. 물리치료사. 공익재단 법인 일본 스포츠 협회 공인 애슬래틱 트레이너. 프로 배구팀의 매니컬 스태프와 국립체육대학교 농구 트레이너를 역임했으며 2013년부터는 현 소속 단체인 JARTA international에서 스포츠 트레이너를 대상으로 세미나 및 강의 지도 등을 실시하고 있다. 2018년부터 배구를 대표 영역으로 활동을 시작하여 현재 배구 여자 U16/17, U18/19 일본 대표팀 트레이너로 활동하고 있다. 평생의 목표를 "전 세계에서 스포츠와 관련된 만성 장애가 없어지는 것"으로 삼고 활동하고 있다.

코치와 선수가 함께 활용하는

배구 연습메뉴 200

1판 1쇄	2025년 10월 31일
지은이	사에구사 다이치
옮긴이	남가영
발행인	김영우
발행처	삼호북스
등록	2023년 2월 2일 제2023-000022호
주소	서울특별시 서초구 강남대로 545-21 거림빌딩 4층
전자우편	samhobooks@naver.com
전화	(02)544-9456
팩스	(02)512-3593

원고 협력 _오노 테츠시
편집 협력 _야마즈미 유코(뷰기획)
취재 협력 _아베 미치코, 나카무라 유스케

ISBN 979-11-993587-1-3 (13690)

Copyright 2025 by SAMHO BOOKS PUBLISHING CO.

OWLS 팀의 선수·코치 일동